LE RICETTE DELLA MIA VITA

«Cosa ti manca della Sicilia?»
«U scrusciu du mari.»
Andrea Camilleri

Alla cara Simonetta
onorata di averti conosciuta
Sperando di poterti incontrare
nuovamente nel mio cammino
Con affetto e stima
Giusina

DAL PROGRAMMA GIUSINA IN CUCINA
IN ONDA SU FOOD NETWORK

Fotografie
Giusi Battaglia, Dario Palermo
Assistente fotografo: Maria Lo Meo
Location manager: Antonella Giovinco

Illustrazioni:
Ilenia Galia, @Shutterstock

Art direction: Stefano Rossetti / PEPE *nymi*

Coordinamento editoriale
Irene Milazzo / PEPE *nymi*

Progetto grafico
Eleonora Tallarico / PEPE *nymi*

Impaginazione
Paola Convertino / PEPE *nymi*

ISBN 978-88-309-0368-5
Prima edizione: ottobre 2023

GIUSI BATTAGLIA

LE RICETTE DELLA MIA VITA

Dalla cucina siciliana
a quella di casa mia,
tutte le ricette del cuore.

CAIRO

SOMMARIO

CAPITOLO 3: ANTIPASTI

CAPITOLO 4: PRIMI PIATTI

CAPITOLO 5: SECONDI PIATTI

CAPITOLO 6: LIEVITATI

CAPITOLO 7: DOLCI

A Chiara Luce, Giovanni, Luca, Mia, Marco
i piccoli grandi tesori della mia famiglia che sono la luce
e la speranza della nostra vita.

PREFAZIONE

DI ANTONINO CANNAVACCIUOLO

È la prima volta che scrivo la prefazione di un libro di cucina che non è mio, ed è un immenso piacere farlo per Giusina. Ne ho scritti diversi anche io di libri e so quanto tempo prima si incomincia a pensare alla ricetta giusta da inserire. La pensi, la scrivi, poi ci ripensi e la cancelli. Pensi che è troppo difficile, o forse è troppo facile.

Poi arriva lei, LA RICETTA, quella che ti illumina, quella giusta, la butti giù, la provi e la riprovi e improvvisamente avviene l'incantesimo. È con questo pensiero che mi sopraggiunge lo sguardo di Giusina felice, entusiasta, immensamente grata alla vita.

Questa gioia incommensurabile mi ha colpito subito, e la cosa più bella è che traspare in lei quando cucina. Percepisco che è innamorata di quello che fa e della sua amata Sicilia. In ogni ricetta che realizza mette sempre il profumo, il colore e l'ingrediente tipico della sua terra.

Tutti elementi fondamentali per la nascita di un libro di cucina di Giusina. In poco tempo ha conquistato il cuore della gente, è arrivata al suo terzo manoscritto e credo che tutto ciò non sia accaduto per caso.

Se penso alla prima volta che ci siamo conosciuti, quando parlavamo della mia cucina, ho subito notato che nei suoi occhi aveva una luce particolare. Sapete quanto sono affascinato da questo mondo, e ho sempre pensato che l'amore verso l'ingrediente avrebbe fatto la differenza in ogni cucina, al ristorante come a casa.

Giusina cucina per la sua famiglia, per gli amici, ma anche virtualmente per la gente che in questi anni si è affezionata al suo progetto. Ha trovato una strada, l'ha percorsa, e continua a farlo ogni giorno con rigore e impegno. Le sue ricette sono ricche di ingredienti che profumano di casa e di passione per il cibo. Sono le ricette della sua vita, e per questo valgono tantissimo. L'ultima cosa voglio dirla a te che stai leggendo queste righe: se stai cercando la ricetta perfetta e non la trovi, sappi che lei prima o poi arriva. Provate, sbagliate, riprovate. Allenatevi tanto, mettetevi di impegno. Alla fine delle vostre prove, LA RICETTA, quella che vi scalda il cuore e vi rende felici, sarà lì in bella mostra sul vostro piatto.

Nel frattempo, provate a fare le ricette di Giusina e sono sicuro che avrete la soddisfazione giusta per innamorarvi ancora di più del meraviglioso mondo della cucina.

INTRODUZIONE

Quando ho iniziato a scrivere il libro che state per sfogliare avevo le idee chiare su quello che volevo realizzare. Intendevo condividere con voi le ricette della tradizione siciliana, ma anche della mia quotidianità, quelle che preparo abitualmente, e anche le più amate dai miei figli, mio marito e dai miei amici. Tante volte, qualcuno tra voi si è stupito (soprattutto in passato) che io cucinassi anche piatti non tipicamente siculi. Qualcuno, a cui probabilmente non stavo molto a cuore, mi diceva che era vietato (non so da quale legge!) preparare altro se non le mie ricette siciliane, perché io solo quello potevo e sapevo fare. Questa cosa mi ha fatto riflettere molto, però sono sempre andata avanti per la mia strada, continuando a fare quello che ho sempre fatto, anche prima che nascesse *Giusina in Cucina*.

Forse, dopo tre anni dall'inizio di questa miracolosa e straordinaria avventura culinaria, è arrivato il momento di metterlo nero su bianco e dirlo una volta e per tutte! Nella mia vita di ogni giorno non cucino soltanto piatti della tradizione siciliana, non friggo dalla mattina alla sera, non mangio solo dolci ricchi di golosa crema di ricotta. In famiglia ci piace mangiare un po' di tutto, dalle insalate super veloci alle zuppe di legumi, paste asciutte semplici e gustose e, udite udite: uso molto di più le teglie da forno che l'olio per friggere! Faccio ricette molto veloci, facili, riutilizzo ingredienti avanzanti. Non si butta nulla a casa mia.

La cosa che invece non avevo chiara, fino al momento prima di consegnare queste ultime righe, era il titolo.

Quando ho dato il nome al file word sul mio computer, per iniziare la scrittura del libro, pensate, l'ho chiamato *Libro 23 primi passi*.

Rimandavo ogni giorno la scelta del titolo, perché lo ritengo fondamentale per un libro, così come il nome di un ristorante può essere determinante per le sorti dello stesso. Questo almeno penso io. In realtà, da subito lo avevo in testa, ed era questo che avete appena letto. *Però...*

Quando ho scritto la prima parola, sapevo che volevo raccontare le ricette della mia vita a tutto tondo, ma c'era sempre quel *Però*.

Le ricette della mia vita, era proprio quello che volevo condividere con tutti voi, ma sembrava un titolo egocentrico, un po' troppo, pensavo. *Ma chi si crede di essere questa qui, che ci vuole far sapere quali sono le ricette della sua vita? Ma perché mi dovrei interessare ai suoi gusti culinari?* Erano le domande che forse qualcuno di voi avrebbe potuto giustamente porsi. No, dovevo trovare qualcosa di più semplice, mi dicevo. Ma non lo trovavo. Pensate che sono ricorsa pure all'intelligenza artificiale: l'ho provata per la prima volta, proprio per capire se un cervello elettronico sarebbe stato più lucido di me. Nulla, anche lì, un buco nell'acqua. La parola «vita» tornava spesso, sempre. Poi, durante le mie numerose notti in bianco, ho avuto un sussulto e ho mutuato quel *Però* in qualcos'altro.

Ho parlato con Giusina cuore a cuore, spesso mi capita di parlare con me stessa, quando mi trovo nel silenzio, e le ho detto: *«Giusina, capisco le tue perplessità, però da quando hai iniziato questo viaggio, hai davvero messo la tua vita vera tra le ricette, hai offerto il tuo bagaglio, il tuo percorso emotivo, lo hai raccontato sia in tv che nei libri, quindi perché hai questi dubbi? Sono le ricette della tua vita.»*

Accidenti! Giusina aveva convinto Giusina.

Non c'erano altri dubbi. Ho sentito, e soprattutto sperato, che *Le ricette della mia vita* poteva essere un tassello importante di questo cammino meraviglioso che si perpetua da tre anni, grazie al vostro incommensurabile amore. Ve lo consegno con l'anima piena di sogni, con la felicità per tutte le cose belle che ho realizzato in questo anno, che culmina con questa raccolta di ricette, quelle che volevo portare nelle vostre case. Ne ho ancora tante altre ma ho dovuto fare una selezione. Ho cercato insieme alla mia casa editrice, che non finirò mai di ringraziare, di lasciare sempre il sapore dei primi due. *Giusina in cucina. La Sicilia è servita* e *Viaggio in Sicilia* sono due gioielli preziosi per me. Li avete amati follemente, sono diventati dei best sellers, continuano a essere richiestissimi. Volevo scrivere un libro che avesse l'anima degli altri, anche se in fondo un po' diverso. E spero di essere riuscita nell'intento. Troverete sempre le foto che io stessa scatto quando preparo i miei piatti. Non c'è

nessun effetto speciale, nessuna lacca o colorante per rendere i cibi più belli. I miei piatti sono ruspanti, a volte esteticamente bellissimi, altre meno. Ma non importa. Conta soprattutto la sostanza. Troverete degli scatti come quello di copertina che quest'anno ho voluto fare in una zona della Sicilia che amo molto. Ho scelto Menfi e i suoi dintorni. Sarei voluta andare anche in altri luoghi meravigliosi, ma vi giuro, che con i 45 gradi di quei giorni di luglio, quando abbiamo scattato, non potevamo fare di più.

Mi auguro di aver fatto cosa gradita nell'inserire, all'inizio del libro, una piccola e spero preziosa guida, con le basi della cucina, della mia cucina. Ogni volta che dovrete fare la crema di ricotta, o quella di latte, saprete dove andarla a cercare. Così come se vorrete preparare la frolla per le crostate o per i biscotti, non dovrete perdervi tra mille ricette, ma troverete qui tutto ciò che fa per voi. Ma anche per fare le pizze, le focacce, le briosches. Tutto in poche pagine, un punto di partenza per scatenare la vostra fantasia e portare a tavola quello che più vi piace.

Spero che *Le ricette della mia vita* possano entrarvi nel cuore e diventare anche le ricette della vostra vita. Sono ricette che scandiscono la mia quotidianità, quelle che faccio quando sono a casa insieme alla mia famiglia o ai miei amici e quelle classiche della mia Sicilia. Alcune le conoscete già, altre stanno quasi scomparendo e per questo ne voglio tenere memoria. La nostra cultura gastronomica deve sopravvivere, sarebbe un peccato mortale, perderla. Ricette facili, alcune più laboriose, ma mai difficili. Piatti veloci, succulenti, anche economici e che vi doneranno felicità al primo assaggio. Almeno è quello che mi auguro. Vi abbraccio forte con gratitudine e gioia. Senza di voi, nulla sarebbe potuto accadere.

CAPITOLO 1

LE BASI

CREMA PASTICCERA

INGREDIENTI ▸ X 4/6 PERSONE

400 ml di latte intero ▸ **100 g** di zucchero semolato ▸ **40 g** di farina ▸ **4** tuorli ▸ **1 stecca** di vaniglia ▸ **scorza di 1** limone

- Incidete una stecca di vaniglia, aggiungetela in un pentolino con il latte e fate bollire.
- Montate i tuorli con lo zucchero e mettete la scorza grattugiata di un limone. Incorporate ai tuorli la farina setacciata. Togliete la stecca di vaniglia dal latte, versate il latte a filo nel composto e mescolate. Trasferite il composto in un pentolino e cuocete la crema, mescolando di continuo per non far creare grumi. Togliete la crema pasticcera dal fuoco, lasciate raffreddare e coprite con cellophane per non farla rapprendere troppo.
- Potete usarla per farcire torte, crostate, cornetti, bomboloni... Io sono un caso a parte, perché la amo talmente tanto che mi capita di mangiarla a cucchiaiate!!!

BESCIAMELLA

INGREDIENTI ‣ X 4/6 PERSONE

500 ml di latte intero ‣ **50 g** di farina 00 ‣ **50** g di burro ‣ **50 g** di formaggio grattugiato ‣ Sale qb ‣ Pepe qb ‣ Noce moscata qb

- Mettete sul fuoco il burro con la farina, attendete che si formi il roux mescolando energicamente con una frusta. Aggiungete il latte, aggiustate di sale, pepe e noce moscata, e mescolate fino a ottenere la crema. Appena pronta, aggiungete il formaggio grattugiato e continuate a mescolare.
- La besciamella è una crema molto versatile in cucina che potete usare per condire e arricchire pasticci di pasta, pasta al forno, quiche, per farcire la rosticceria o per gratinare delle verdure.

CREMA DI LATTE

INGREDIENTI ‣ X 4/6 PERSONE

1 l di latte ‣ **120 g** di zucchero semolato ‣ **100 g** di amido di mais ‣ **Scorza di 1** limone non trattato ‣ **1 stecca** di cannella

- In un pentolino stemperate l'amido in poco latte freddo. Incorporate lo zucchero e il latte rimasto, unite la scorza di un limone, la cannella e mescolate sul fuoco fino a che il composto si sarà addensato. Versatelo in una forma per farlo raffreddare.
- Potete servirla così, arricchendola con cannella, cioccolato in scaglie, mandorle e pistacchi tritati. Oppure utilizzatela per farcire torte, crostate e ciò che più vi piace.

CREMA DI RICOTTA

INGREDIENTI ▸ X 4/6 PERSONE

1 kg di ricotta di pecora ▸ **300 g** di zucchero semolato ▸ **100 g** di gocce di cioccolato fondente

- Unite lo zucchero alla ricotta e mescolate bene. Fate riposare anche una mezza giornata (se non avete tempo, basteranno un paio d'ore), quindi setacciatela per rendere la crema il più fluida possibile. Aggiungete le gocce di cioccolato.
- La crema di ricotta è perfetta per farcire tutti i dolci: crostate, cassate, cornetti, iris dolci, bomboloni, torte, cartocci...

PASTA DI MANDORLA

INGREDIENTI ‣ X 4/6 PERSONE

500 g di mandorle pelate o farina di mandorle ‣ **300 g** di zucchero semolato ‣ **3** albumi ‣ **1 cucchiaino** di miele ‣ **Qualche goccia** di aroma di mandorla amara ‣ **Scorza di 1** limone

- Montate a neve gli albumi. Unite alla farina di mandorle lo zucchero, quindi aggiungete gli albumi montati e il miele, l'aroma di mandorla amara e la scorza grattugiata di limone. Impastate. Lasciate riposare in frigorifero un'ora.
- Con questo impasto potete realizzare le deliziose paste di mandorla. Potete scegliere le forme che volete, ma sarà necessario metterle in frigorifero a riposo almeno per 12 ore. Potete realizzare anche la frutta martorana, le pecorelle pasquali o quello che più vi piace.

FROLLA PER BISCOTTI

INGREDIENTI ‣ X 4/6 PERSONE

500 g di farina 00 ‣ **160 g** di strutto ‣ **160 g** di zucchero semolato ‣ **50 ml** di latte intero ‣ **1** uovo ‣ **4 g** di ammoniaca ‣ **Scorza di 1** arancia o di **1** limone ‣ **1 pizzico** di sale

- Preparate la pasta frolla impastando a mano o in planetaria (gancio a foglia). Mettete insieme la farina con lo strutto e mescolate fino a quando quest'ultimo si sarà ben amalgamato con la farina. Quindi unite lo zucchero, l'ammoniaca, l'uovo, la scorza di arancia o limone, il pizzico di sale e impastate. Aggiungete, se necessario, il latte, fino a ottenere un impasto sodo e asciutto. Prima di fare i biscotti, fate riposare in frigorifero per un'oretta, lasciando l'impasto avvolto nella pellicola.
- Potete aggiungere le gocce di cioccolato, i semi di sesamo, la granella di zucchero, le codette colorate. Sbizzarritevi nelle forme! In forno fateli cuocere a 180 °C per mezz'ora. Per mantenerli fragranti conservateli in una latta.

FROLLA PER CROSTATA

INGREDIENTI ‣ X 4/6 PERSONE

350 g di farina 00 ‣ **150 g** di burro ‣ **150 g** di zucchero semolato ‣ **2** tuorli ‣ **1** uovo ‣ **Scorza di 1** limone non trattato ‣ **1 pizzico** di sale

- Impastate a mano o in planetaria (gancio a foglia) amalgamando bene burro e farina, fino a completo assorbimento del burro. Unite quindi le uova, lo zucchero, la scorza di limone e il sale. Si deve ottenere un impasto sodo. Avvolgete in pellicola e fate riposare in frigorifero per almeno un'ora.
- Si può utilizzare per fare le crostate, ma anche la cassata al forno con la ricotta e quella al gelo di anguria o limone!

FROLLA MONTATA

INGREDIENTI ▸ X 4/6 PERSONE

200 g di farina 00 ▸ **150 g** di burro ▸ **80 g** di zucchero a velo ▸ **40 ml** di latte

- Prendete il burro morbido e montatelo in una planetaria (se non avete la planetaria, usate le fruste, oppure anche a mano) con lo zucchero a velo. Appena l'impasto diventa omogeneo e compatto, versate il latte. Aggiungete la farina, fino a ottenere un composto liscio.
- La frolla montata è perfetta per realizzare dei pasticcini friabili e molto delicati: mettete l'impasto in una sac à poche con il beccuccio preferibilmente a stella per creare le forme. Potete anche utilizzarla per ottenere una friabile e deliziosa crostata, usando sempre la sac à poche.

GLASSA REALE

INGREDIENTI ▸ X 4/6 PERSONE

250 g di zucchero a velo ▸ **2** albumi ▸ **2 cucchiai** di succo di limone ▸ Acqua qb

- Versate in planetaria (gancio frusta) lo zucchero a velo, gli albumi e il succo di limone. Montate fino a raggiungere un composto cremoso. Se necessario, aggiungete anche un pochino d'acqua. La glassa deve risultare corposa e bianca candida.
- Potete anche montare con le fruste o a mano. Vi consiglio di usarla per glassare i classici biscotti delle feste, come i buccellati, i pupi cu l'ova, per decorare la cassata e tutti i dolci che vorrete rendere ancora più belli e buoni!

GLASSA ALL'ACQUA

INGREDIENTI ‣ X 4/6 PERSONE

500 g di zucchero a velo ‣ Acqua qb

- Versate in una ciotola lo zucchero a velo e a poco a poco l'acqua fino a ottenere un composto bianco cremoso. Non eccedete con l'acqua. Si rischia di avere poi una glassa che «non glassa»!
- Utilizzatela per glassare le torte. Io a volte la uso anche per glassare i miei taralli dolci... Per una glassa aromatizzata agli agrumi, sostituite l'acqua con il succo di limone o di arancia.

PASTA BRISÉE

INGREDIENTI ‣ X 4/6 PERSONE

200 g di farina integrale ‣ **200 g** di farina di riso ‣ **100 g** di burro freddo ‣ **50 ml** di acqua ‣ **1** tuorlo ‣ **1 pizzico** di sale

- Impastate le farine con il burro e create un impasto grossolano. Aggiungete il tuorlo e continuate a impastare, quindi a poco a poco l'acqua e un pizzico di sale. Lavorate l'impasto nel mixer e poi ancora a mano fino a creare una palla che farete riposare in frigorifero per un'oretta.
- Quando la pasta si sarà raffreddata, sarà pronta per il vostro utilizzo.
- Potete fare una bella crostata, una torta salata e condirla come più vi piace. Io utilizzo la farina integrale e quella di riso, voi potete usare anche solo la farina 00.

Giusi Battaglia
Giusina in cucina
La Sicilia è servita

SALSA SFINCIONE

INGREDIENTI ▸ X 4/6 PERSONE

500 ml di passata di pomodoro ▸ **3** cipolle bianche ▸ **2 bicchieri** di acqua ▸ Olio extravergine d'oliva qb ▸ Sale qb ▸ Pepe qb ▸ Zucchero qb

▸ Tagliate le cipolle a fette, fatele cuocere a fuoco dolce per almeno un'ora con un filo d'olio extravergine e due bicchieri d'acqua, aggiustate con un pizzico di sale. Quando saranno ben cotte, aggiungete la salsa di pomodoro, condite con sale, pepe e zucchero, e fate andare ancora per una mezz'ora abbondante. Il sugo può essere lasciato così, con la cipolla intera, oppure frullato.

▸ Si può utilizzare per condire la pizza, il famoso sfincione appunto, o anche per condire verdure (per esempio, le patate a sfincione), fettine di carne, tonno o pesce spada. E anche per un ottimo piatto di pasta!

PIZZA AL CUCCHIAIO

INGREDIENTI ▸ X 4/6 PERSONE

700 ml di acqua ▸ **600 g** di farina 00 per pizza ▸ **400 g** di semola rimacinata di grano duro ▸ **2 g** di lievito di birra fresco ▸ **1 cucchiaino** di malto (o miele) ▸ **30 ml** di olio extravergine d'oliva ▸ **20 g** di sale

- In una ciotola capiente, sciogliete il lievito con l'acqua, aggiungete un cucchiaino di malto (o miele), quindi incorporate a poco a poco la farina. Iniziate a mescolare con un cucchiaio di legno e appena l'impasto sarà corposo, aggiungete l'olio e il sale. Mescolate con cura in modo da creare un impasto appiccicoso.
- Fate riposare una mezz'oretta e poi rimpastate sempre con il cucchiaio. Ripetete l'operazione un'altra volta, quindi ponete in frigorifero per 8/10 ore.
- Cinque ore prima di metterla in forno, tirate la pizza fuori dal frigorifero e rimpastate sempre con il cucchiaio. Ripetete quest'operazione almeno un paio di volte nell'arco di 2/3 ore. Appena l'impasto sarà lievitato bene, trasferitelo su un piano con della farina e fate le classiche pieghe. Fate lievitare ancora un'oretta, quindi rilavoratelo facendo ulteriori pieghe e create dei panetti di 250 grammi ciascuno. Fate lievitare ancora un'oretta, dopodiché il vostro impasto sarà pronto per essere infornato.
- Potete ovviamente sbizzarrirvi farcendo la pizza come più vi piace. La mia preferita? Pomodoro, prosciutto cotto, mozzarella e funghi...
- Se volete fare una teglia più grande, raddoppiate la grammatura del panetto. La mia indicazione si riferisce a una teglia tonda, della grandezza classica di una pizza.

IMPASTO PER FOCACCIA

INGREDIENTI ▸ X 4/6 PERSONE

400 ml di acqua ▸ **300 g** di farina di rimacinato di grano duro ▸ **200 g** di farina 00 ▸ **20 ml** di olio extravergine d'oliva ▸ **10 g** di lievito di birra fresco ▸ **10 g** di sale

Per la salamoia: Acqua qb ▸ Olio extravergine d'oliva qb ▸ Sale qb

- Sciogliete il lievito nell'acqua, aggiungete a poco a poco le farine e iniziate a impastare. Potete usare la planetaria o farlo a mano. Quando il composto sarà elastico, aggiungete l'olio e il sale. Formate un panetto molto morbido e lasciate riposare per 2 ore. Dovrà raddoppiare il suo volume. Rilavoratelo facendo quindi le classiche pieghe. Fate risposare ancora una mezz'ora. Appena l'impasto è pronto, stendetelo in una teglia ben oleata e cospargetelo con un'emulsione di olio extravergine d'oliva, sale e acqua.
- Fate lievitare ancora fino a quando non sarà raddoppiato il suo volume, quindi bucherellatelo e cospargetelo ancora con la stessa emulsione. Se volete, potete mettere anche qualche chicco di sale grosso e rosmarino.
- Mettete in cottura in forno preriscaldato a 240 °C per 15/20 minuti (si consiglia la modalità di cottura con calore dal basso).
- Potete arricchire la focaccia come più vi piace. Ottima con pomodorini, acciughe e formaggio, che potete aggiungere in superficie appena prima di infornarla.
- Con lo stesso impasto potete realizzare anche le classiche focaccine che piacciono tanto ai bambini!

Alla nostra
fantastica cuoca
siciliana
Giusina Battaglia
19-3-2024

PASTA BRIOCHE PER ROSTICCERIA

INGREDIENTI ‣ X 4/6 PERSONE

500 g di farina 00 ‣ **250 ml** circa di acqua tiepida (nella quale sciogliere il lievito) ‣ **50 g** di strutto ‣ **40 g** di zucchero semolato ‣ **15 g** di lievito di birra fresco ‣ **15 g** di sale

- Se usate la planetaria, mettete nel boccale la farina e lo strutto e fate andare fino a incorporare bene lo strutto. Stessa cosa se impastate a mano. Aggiungete quindi l'acqua, nella quale avrete disciolto il lievito, unite lo zucchero e impastate. Appena l'impasto comincia a incordarsi, potete aggiungere il sale. L'impasto perfetto è morbido ma non appiccicoso. Se necessita un po' d'acqua in più, potrebbe essere normale. Dipende da come la farina assorbe i liquidi. Fate lievitare fino al raddoppio.
- Appena pronto, l'impasto può essere utilizzato per tutte le preparazioni dolci o salate che vorrete realizzare: calzoni fritti, al forno, rollò con besciamella, con wurstel, pizzette, ravazzate, iris alla ricotta, cartocciate... e chi più ne ha, più ne metta!

AGRODOLCE

INGREDIENTI ▸ X 4/6 PERSONE

3 cucchiai di zucchero semolato ▸ **½ bicchiere** di aceto di vino bianco

- Sciogliete lo zucchero nell'aceto in un pentolino a fuoco dolce. Versatelo quindi nella preparazione che volete rendere speciale con questo contrasto... agrodolce.
- Io lo utilizzo tantissimo con le verdure, la caponata, per esempio. Appena lo proverete, poi sarà difficile rinunciarvi... Raddoppiate, se volete farne una quantità maggiore.

MUDDICA ATTURRATA

INGREDIENTI ‣ X 4/6 PERSONE

Pangrattato qb ‣ **1 filo** di olio extravergine d'oliva ‣ **1 pizzico** di sale ‣ **½ cucchiaino** di zucchero semolato

- Mettete in padella un filo di olio extravergine d'oliva, quindi aggiungete il pangrattato, aggiustate con un pizzico di sale e mezzo cucchiaino di zucchero. Mescolate fino a quando il pangrattato cambierà colore. La *muddica* deve diventare più scura, *atturrata*, appunto!
- Se volete aromatizzarla, potete aggiungere dell'origano o del timo, oppure è molto buona anche con un cucchiaio di formaggio grattugiato...

CAPITOLO 2

PIATTI UNICI

CONSIGLIO:

Se volete utilizzare la pentola a pressione, si dimezzeranno i tempi di cottura. Inoltre, se volete dargli uno sprint in più, cuocetelo insieme a un po' di finocchietto selvatico.

Livello di facilità: elevato

MACCO DI FAVE CON RICOTTA

Dici macco e dici Sicilia, un piatto che ha radici molto profonde nella nostra Isola, un simbolo vero. Era considerata una pietanza addirittura sacra dagli antichi romani. Pensate che, se andiamo ancora più indietro nel tempo, un piatto a base di fave schiacciate si ritrova nelle Rane *di Aristofane: era un cibo che Eracle mangiava per trarne forza e vigore. Un piatto molto povero, che però sazia ed è alla portata di tutti. Nasce per onorare san Giuseppe, ma oramai si fa praticamente sempre. Questa versione con la ricotta l'ho sperimentata io, dopo averla assaggiata in un ristorante. Devo dire che merita.*

INGREDIENTI • X 4/6 PERSONE

600 g di fave secche • **400 g** di ricotta di pecora • Sale qb • Pepe qb • Olio extravergine d'oliva qb

- Lasciate le fave a bagno per una notte (cambiate, se potete, un paio di volte l'acqua) e l'indomani procedete con una cottura molto lenta, per almeno un paio d'ore, a fuoco dolce. Aggiustate di sale. Appena pronte, schiacciate o frullate fino a ottenere una crema. Condite con olio e pepe, e aggiungete un cucchiaio di ricotta di pecora.

CONSIGLIO:

Per assicurarvi una crosticina niente male, potete mettere il grill a 200 °C per gli ultimi 5 minuti. Fate riposare un po' prima di servirlo...

Livello di facilità: importante!

GÂTEAU CON VERDURE E SALSICCIA

Il gâteau o gattò, come si scrive in palermitano, è una ricetta che a casa mia preparo almeno una volta alla settimana. È un piatto che ha nobili origini: arrivò in Sicilia grazie ai Monsù (i cuochi di corte), che lo portarono per la prima volta nella nostra regione. Poi, come spesso accade, diventò un piatto popolare, presente in tutte le rosticcerie che si rispettino. A casa mia piace moltissimo, e allora ogni tanto sperimento farciture diverse. I gusti classici con mozzarella e prosciutto, oppure con il ragù li conoscete già, ma questo è davvero una chicca.

INGREDIENTI ▸ X 6 PERSONE

1,5 kg di patate ▸ **100 g** di formaggio grattugiato o caciocavallo grattugiato ▸ **50 g** di burro ▸ **2** uova ▸ Noce moscata qb ▸ **1 mazzetto** di prezzemolo ▸ Pangrattato qb ▸ Sale qb ▸ Pepe qb ▸ Olio extravergine d'oliva qb

Per il ripieno: 600 g di verdure miste (erbette + spinaci) ▸ **300 g** di salsiccia ▸ **200 g** di scamorza

▸ Per il gâteau, lessate le patate e schiacciatele, unite il burro, quindi le uova, il formaggio grattugiato, sale, pepe, il prezzemolo tritato finemente e una spolverata di noce moscata. Mescolate bene il tutto, in modo da ottenere un composto morbido. Ungete una teglia con l'olio extravergine d'oliva, versateci sopra il pangrattato e fatelo aderire bene. Adagiate la metà dell'impasto e mettete sopra la salsiccia, che prima avrete fatto rosolare in padella privata del budello, la verdura sbollentata e ben strizzata e la scamorza. Ricoprite con le altre patate, livellate e spolverate con il pangrattato e un po' di formaggio grattugiato. Aggiungete qualche fiocco di burro e cuocete in forno statico preriscaldato a 180 °C per una ventina di minuti.

CONSIGLIO:

Se non le mangiate subito, avvolgetele in uno strofinaccio da cucina, si conserveranno al meglio. Farcitele come più vi piace.

Livello di difficoltà: non pervenuto

PIADINE

Alzi la mano chi non ama mangiare le piadine. Io credo nessuno. È un classico comfort food, che tutti quanti adoriamo quando vogliamo mangiare qualcosa di semplice e veloce. E se vi dicessi che farle è un gioco da ragazzi, e che dopo averle preparate la prima volta, difficilmente tornerete a comprare quelle già pronte? La versione originale vuole lo strutto, ma io stavolta ho voluto fare una ricetta adatta a tutti.

INGREDIENTI ▸ X 4 PERSONE

400 g di farina 00 ▸ **200 ml** di acqua ▸ **50 ml** di olio extravergine d'oliva ▸ Sale qb

- Mettete in una ciotola la farina, aggiungete a poco a poco l'olio extravergine d'oliva, quindi l'acqua e impastate. Unite anche il sale, lavorate bene e fate riposare per 20/30 minuti. Dividete l'impasto in 8 quarti, poi stendete con il matterello in una sfoglia molto sottile. Scaldate la padella, spennellate con olio extravergine d'oliva e cuocete per pochi minuti.

CONSIGLIO:

Se in prossimità del Natale, potete farlo allo stesso modo ma a forma di alberello. Sarà molto carino da portare a tavola!

Livello di facilità: imbarazzante

DANUBIO VELOCISSIMO

Non c'è Natale a casa nostra che non si prepari il Danubio, nella sua versione originale. Sono palline di impasto brioche farcite come più vi piace che rendono felici tutti, grandi e bambini. Questa versione superveloce è perfetta per chi ha poco tempo, ma non vuole privarsi di portare a tavola una ricetta golosa e anche molto bella da vedere. Provatela!

INGREDIENTI ‣ X 4 PERSONE

1 rotolo di pasta per pizza pronta ‣ **200 g** di mozzarella ‣ **100 g** di prosciutto cotto ‣ Olio extravergine d'oliva qb

- Stendete un rotolo di pasta per pizza, tagliatelo a quadratini e farciteli con un paio di dadi di mozzarella e qualche pezzetto di prosciutto.
- Chiudete e sigillate formando delle palline. Disponetele in una teglia oleata, partendo dal centro e arrivando fino ai bordi in modo da formare una corona che rappresenti il Danubio. Spennellate con olio extravergine d'oliva e cuocete a 200 °C in modalità statica per 15/20 minuti.

CONSIGLIO:

Io preferisco usare questo tipo di farine, meno raffinate, ma se proprio non amate quella integrale, potete assolutamente utilizzare quelle che avete a casa. Il risultato non verrà alterato. Attenzione a dosare bene l'acqua, perché le farine assorbono in modo diverso.

Livello di facilità: potente

PANE AZZIMO

Ci sono diversi momenti della nostra vita in cui abbiamo necessità, ma anche voglia, di mangiare meglio, in cui ci prefiggiamo di perdere un po' di peso, dopo tanti bagordi. Per chi come me, quando è a dieta, difficilmente riesce a mangiare senza pane, questa è la ricetta giusta per voi.

INGREDIENTI ‣ X 4 PERSONE

250 ml di acqua ‣ **200 g** di farina integrale ‣ **200 g** di farina tipo 2 ‣ **5 g** di sale ‣ Rosmarino qb

- Mixate le farine, quindi unite l'acqua e impastate. Aggiungete il rosmarino tagliuzzato, il sale e formate un panetto. Fate riposare per 20 minuti, poi realizzate delle palline di impasto, stendete e cuocete in padella calda.

CONSIGLIO:

Il ripieno è a vostra discrezione. Questo è quello che io amo di più, ma potete farlo anche solo con le verdure, oppure solo con la carne, ma anche con verdure e gamberi, o con il pollo. Potete arricchire con altre spezie. Ricordatevi che in cucina non ci sono dogmi.

Livello di difficoltà: chiudere i gyoza (ma in realtà non è neanche tanto vero!)

GYOZA AL VAPORE

Quando vado nei ristoranti orientali, difficilmente riesco a non ordinare i gyoza. Sono dei meravigliosi fagottini ripieni, originari della cucina cinese (dove vengono comunemente chiamati* jiaozi*) che sono entrati a pieno titolo nella cultura gastronomica della cucina giapponese e non solo. Dopo averli fatti per la prima volta non sono più riuscita a smettere. Creano dipendenza. Sono facilissimi e regalano grandi soddisfazioni.

INGREDIENTI ‣ X 4 PERSONE

Per l'impasto: 400 g di farina 00 ‣ **200 ml** di acqua ‣ **5 g** di sale
Per il ripieno: 500 g di salsiccia ‣ **300 g** di funghi Champignon ‣ **300 g** di verza tritata finemente ‣ **300 g** di cavolo bianco ‣ **1** cipollotto ‣ Zenzero qb ‣ Salsa di soia qb ‣ Olio extravergine d'oliva qb

‣ Fate un soffritto di cipollotto o cipolla tagliati finemente e aggiungete la salsiccia, quindi una generosa quantità di zenzero grattugiato. Unite i funghi tagliati a pezzettini piccoli, la verza e il cavolo tritati finemente. Fate amalgamare bene e irrorate con un po' di soia. Cuocete per 10/15 minuti e lasciate da parte. Impastate la farina con l'acqua e il sale in modo da ottenere un impasto non appiccicoso, e lasciate riposare una ventina di minuti. Stendete con il matterello riducendo in una sfoglia molto sottile e con un coppapasta realizzate una forma tonda. Sistemate il ripieno al centro del tondo di pasta e chiudete a forma di mezzaluna, bagnando un lembo con l'acqua per fare aderire bene le parti. Chiudete dando una forma a ventaglio. Versate un po' di olio extravergine d'oliva in padella, fatelo scaldare bene e mettete i ravioli. Fate tostare e dorare bene la base, quindi aggiungete un bicchiere d'acqua, coprite con un coperchio e fate cuocere al vapore per 5 minuti. Impiattate e servite.

CONSIGLIO:

Se non avete lo strutto, potete usare il burro nelle stesse quantità. Lo strutto, però, dona maggiore fragranza alla frolla.

Livello di difficoltà: laborioso

PIZZA RUSTICA

La pizza rustica sarebbe un'altra testimonianza dei Monsù, i cuochi francesi impegnati nelle cucine degli aristocratici siciliani a partire dal Cinquecento e con un'esplosione intorno al Settecento, ma le origini di questa ricetta sono ancora poco chiare. L'unica certezza è che è un piatto sorprendente, che ti mette in pace con il mondo, al primo assaggio, a occhi chiusi. Vi presento la mia versione… sono certa che vi stuzzicherà l'appetito.

INGREDIENTI ‣ X 8 PERSONE

500 g di semola rimacinata di grano duro ‣ **8** uova ‣ **200 g** di salsiccia ‣ **200 g** di ricotta di pecora ‣ **120 g** di strutto ‣ **100 g** di caciocavallo grattugiato ‣ **60 g** di zucchero semolato ‣ **1 mazzetto** di prezzemolo ‣ Sale qb ‣ Pepe qb ‣ Olio extravergine d'oliva qb

- Unite la farina allo strutto e iniziate a impastare in planetaria o a mano. Quindi aggiungete lo zucchero, 3 uova e il sale. Verrà fuori un impasto molto simile a una frolla.
- Lasciate riposare per 30 minuti circa, quindi dividete l'impasto in due parti, stendetene uno su una teglia unta di olio extravergine d'oliva. Private la salsiccia del budello e unitela alle rimanenti uova battute e al caciocavallo grattugiato: mettete il composto sulla pasta stesa, aggiungete la ricotta a fette, un pizzico di sale, pepe e prezzemolo tritato. Coprite con delle strisce di impasto come fosse una crostata, sigillate i bordi e infornate. Dopo i primi 10 minuti di cottura, spennellate con olio extravergine d'oliva e cuocete ancora per altri 25 minuti.

CONSIGLIO:

Per servirlo potete spennellare con un mix di olio extravergine d'oliva, prezzemolo e uno spicchio di aglio. Sarà ancora più gustoso. Oppure, se lo lasciate liscio, utilizzatelo per accompagnare sughi, stufati... inzuppato è una meraviglia!

Livello di facilità: importantissimo!

PANE NAAN

Quando diversi anni fa ho preparato per la prima volta questo pane, mi sono gasata. Nella sua semplicità era una delle cose più goduriose che avevo realizzato fino a quel giorno. Mi piacque subito, e da allora lo propongo spesso. È un pane della tradizione gastronomica indiana, e ovviamente esistono diverse varianti. Io vi propongo la mia, e sono sicura che ve ne innamorerete anche voi.

INGREDIENTI ‣ X 4 PERSONE

350 g di farina 00 ‣ **250 g** di yogurt greco (o bianco) ‣ **1 pizzico** di sale ‣ **½ cucchiaino** di bicarbonato ‣ Latte intero (o scremato) qb

- Mescolate la farina con lo yogurt. Se il composto risulta troppo duro, aggiungete un goccio di latte o un altro po' di yogurt. Mettete il sale e il bicarbonato.
- Impastate: dovete ottenere un composto sodo e non appiccicoso. Fate riposare una mezz'oretta. Tagliate quindi l'impasto in almeno 8 porzioni, se volete delle forme grandi, oppure in 12, se volete delle forme più piccole. Stendete con il matterello, cospargendo con farina (se occorre). Deve risultare molto sottile. Scaldate una padella a fuoco molto alto. Mettete il pane Naan e coprite con un coperchio. Vedrete che inizierà a gonfiare. Giratelo e fate finire di cuocere. Occorrono un paio di minuti.

CONSIGLIO:

Se volete farle ancora più golose, potete mettere anche un cucchiaino di besciamella. La ricetta della mia besciamella la trovate a pagina 21 .

Livello di facilità: alto!

ARANCINE DI RICOTTA

Questa versione di arancine è sorprendente. Lo so, non rientra tra i canoni classici a cui siete abituati, alla carne o al burro. Questa è una variante molto più semplice ma non per questo meno gustosa. Tra gli ingredienti trovate la tuma... se non ce l'avete optate per un altro formaggio strutturato tipo provola o caciocavallo.

INGREDIENTI ‣ X 6 PERSONE

300 g di riso (metà arborio e metà carnaroli) ‣ **200 g** di ricotta di pecora **200 g** di tuma ‣ **2** uova ‣ **50 g** di formaggio grattugiato ‣ Prezzemolo qb ‣ Pepe qb ‣ Olio di semi per friggere qb

Per la panatura: 1 tuorlo ‣ Farina 00 qb ‣ Acqua qb ‣ Pangrattato qb

- Bollite il riso. Appena pronto mantecatelo con la ricotta, le uova, il prezzemolo, il formaggio grattugiato, il pepe e la tuma tagliata a pezzetti. Formate le arancine, passatele in una lega di farina e acqua, alla quale occorre aggiungere un tuorlo d'uovo. Dovete andare un po' ad occhio. Deve venire una pastella bella cremosa, quindi tuffatele nel pangrattato.
- Friggete in olio di semi bollente.

CONSIGLIO:

Potete farcire come più vi piace, basta che usiate un formaggio che fila... sennò che piacere c'è? Gli ultimi 5 minuti mettete il grill a 200 °C.

Livello di facilità: non classificato!

PLUMCAKE DI PANE

Una mattina ero in cucina e volevo fare un po' d'ordine. C'era la dispensa piena di pane del giorno prima, che avevo dimenticato di congelare. Non mi sono scoraggiata, anzi. Mi sono messa all'opera con questa ricettina facilissima e molto d'effetto. Devo dire che è stata una bella sorpresa. Anzi, bellissima.

INGREDIENTI ▸ X 4 PERSONE

1 filone di pane raffermo ▸ **150 g** di scamorza ▸ **100 g** di salame tipo Milano ▸ **1** uovo ▸ **30 ml** di latte ▸ Formaggio grattugiato qb ▸ Sale qb

- In uno stampo da plumcake mettete in fila le fette di pane, già passate nel latte per ammorbidirle un po'. Tra una fetta e l'altra, farcite con due fette di salame e due di scamorza. Sbattete l'uovo, aggiungete un po' di latte, il formaggio grattugiato e aggiustate di sale. Cospargete il pane con il mix di uovo e latte e infornate a 200 °C, in modalità statica, per 15 minuti.

CONSIGLIO:

La mia ribollita (e mi scuso con i toscani se la chiamo così!) è per me un po' una minestra ricca «svuota» frigorifero. Quindi se avete delle verdure da smaltire... usate anche quelle!!! Come i toscani insegnano, potete mettere del pane raffermo nella zuppa. Per una versione light, potete non aggiungere la salsiccia. E ancora: al posto dei fagioli potreste utilizzare i ceci.

Livello di difficoltà: tagliare le verdure

RIBOLLITA A MODO MIO

Da quando l'ho fatta la prima volta, qualche anno fa, questa meravigliosa minestra di verdure è inserita almeno una volta a settimana nella nostra dieta. Anzi, due giorni a settimana, perché ne faccio sempre un po' di più, in modo che l'indomani non debba pensare al pranzo. È una mia personale versione, che rispecchia il nostro gusto in famiglia. Usate le verdure che trovate, di stagione.

INGREDIENTI ‣ X 6 PERSONE

300 g di salsiccia ‣ **250 g** di fagioli borlotti ‣ **200 g** di verza ‣ **200 g** di cavolo nero ‣ **200 g** di bietole rosse ‣ **200 g** di cavolo viola ‣ **100 g** di salsa di pomodoro ‣ **10** pomodorini ‣ **½** cipolla ‣ **1** carota ‣ **2 coste** di sedano ‣ **1 bicchiere** di vino rosso ‣ Rosmarino qb ‣ Brodo vegetale qb ‣ Olio extravergine d'oliva qb ‣ Sale qb

- Per prepararla, io utilizzo la pentola a pressione. Rosolate la cipolla, la carota e il sedano tagliati a pezzetti con olio extravergine d'oliva. Quindi unite la salsiccia, fate rosolare e sfumate con il vino. Mettete anche il rosmarino. A questo punto, prendete i fagioli, frullatene una metà e aggiungeteli tutti nella pentola. Fate insaporire, quindi versate la salsa di pomodoro e via via tutte le verdure. Allungate con il brodo vegetale (circa due bicchieri). Chiudete la pentola a pressione e fate cuocere per 30 minuti. Se non usate la pentola a pressione, fate cuocere le verdure a fuoco dolce per un'oretta e mezza.

CONSIGLIO:

Questo è il classico piatto che si mangia riposato... quindi, se volete gustarlo per cena, preparatelo già all'ora di pranzo. Tutti i sapori si mescoleranno alla perfezione, e sarà una vera poesia.

Livello di difficoltà: friggere le melanzane (in estate!)

TIMBALLO DI MELANZANE

Questo timballo si avvicina molto alla classica parmigiana, ma è un po' più ricco. Diciamo che è quello che più ama mio marito, di origine napoletana, che me lo chiede spesso in estate, quando ci sono le melanzane dolci e carnose. È una ricetta che gli faceva sua mamma e che io ho rifatto secondo il mio gusto. Oltre al formaggio grattugiato, ci sono anche la mozzarella e le uova, che regalano una crosticina meravigliosa e lo rendono un piatto unico, fantastico per le cene o i pranzi estivi.

INGREDIENTI ‣ X 6 PERSONE

4 melanzane ‣ **600 ml** di salsa di pomodoro ‣ **3** mozzarelle ‣ **3** uova ‣ **1** cipolla ‣ Qualche foglia di basilico ‣ **1 pizzico** di zucchero semolato ‣ Formaggio grattugiato qb ‣ Sale qb ‣ Pepe qb ‣ Olio extravergine d'oliva qb

- Tagliate le melanzane a fette e mettetele sotto sale per un'oretta. Intanto preparate il sugo: fate rosolare prima la cipolla, poi aggiungete la salsa, aggiustando con il sale e un pizzico di zucchero.
- Sciacquate e asciugate le melanzane, quindi friggetele in olio extravergine d'oliva e poi fatele scolare un po' su carta assorbente. In una pirofila, componete uno strato con salsa di pomodoro, melanzane, formaggio grattugiato, mozzarella e ripetete così fino alla fine. Chiudete con uno strato di mozzarella e formaggio grattugiato. Sbattete le uova con un po' di formaggio grattugiato e versatele sopra prima di infornare. Cuocete per una ventina di minuti a 180 °C in forno statico. Gli ultimi 5 minuti passate al grill a 200 °C. Servite dopo un paio d'ore.

CAPITOLO 3

ANTIPASTI

CONSIGLIO:

Se volete farli al forno, vi consiglio di passarli nell'olio extravergine d'oliva, nel pangrattato e cuocerli per 15/20 minuti a 180 °C, in modalità statica.

Livello di difficoltà: togliere il pistillo dal fiore...

FIORI DI ZUCCA RIPIENI CON PROVOLA E MORTADELLA

Quando è la stagione dei fiori di zucca io li cucino spessissimo. Si possono fare sia fritti sia al forno. Io li preparo in entrambi i modi, ma devo ammettere che fritti in pastella sono una meraviglia. Ve li propongo con un ripieno che piace molto a mio marito e che, devo dire, amo anche io.

INGREDIENTI • X 6 PERSONE

10 fiori di zucca • **60 g** di provola affumicata • **50 g** di mortadella • **10 foglie** di menta

Per la pastella: 250 ml di acqua • **10 g** di lievito fresco • Farina 00 qb • Sale qb • Acciughe qb

Per friggere: Olio di semi di girasole qb

- Pulite i fiori di zucca privandoli del pistillo. Farciteli con mortadella, menta e provola affumicata, poi chiudeteli su se stessi.
- Per preparare la pastella, setacciate la farina in una ciotola e aggiungete il sale e lievito sciolto in acqua tiepida. Mescolando, incorporate l'acqua necessaria per ottenere un impasto cremoso. Aggiungete qualche acciughina per donare sapidità. Fate lievitare per un'ora fino a quando farà le bolle. Intingete i fiori nella pastella e cuocete in olio di semi caldo a immersione.

CONSIGLIO:

Se volete, al posto del pane per tramezzini potete utilizzare del pane raffermo. Il risultato sarà fantastico.

Livello di difficoltà: non far annerire i carciofi...

CARCIOFI INNEVATI

Questa ricetta è casa, famiglia, amore. L'ho pescata nel mio personale cassetto dei ricordi. Quando lo apro, succede sempre qualcosa di magico, si spalancano la mente e il cuore, e la memoria va ai nostri pranzi in famiglia, tavolate immense, rumorose e gioiose. Ecco che cosa è questo piatto: il ricordo di Natali passati a tavola, quando ci si sedeva all'ora di pranzo e ci si alzava la sera. Questo è un piatto che mamma Carolina ci ha tramandato, e poterlo proporre a voi mi emoziona moltissimo. Il nome l'ho dato io, perché da noi si chiamano «carciofi con la besciamella». Ho voluto regalargli un po' di poesia. Spero di esserci riuscita.

INGREDIENTI • X 6 PERSONE

4 carciofi • **8 fette** di pane per tramezzini (o pancarrè) • Formaggio grattugiato qb

Per la besciamella: Vedi la ricetta a pagina 21

- Pulite i carciofi lasciando il cuore, la parte più tenera. Tagliateli a fette e sbollentateli leggermente. Scolateli. Poggiate sul pane da tramezzino un cucchiaio di besciamella, adagiate sopra il carciofo, poi ancora un velo di besciamella e spolverate con del formaggio grattugiato. Infornate a 180 °C per 15/20 minuti in forno statico. Gli ultimi 5 minuti passateli con il grill a 200 °C.

CONSIGLIO:

Al posto della tuma potete utilizzare il formaggio che avete da smaltire in frigorifero. Se volete fare un piatto vegetariano, assieme al formaggio mettete magari della verdura. I broccoli, per esempio, ma anche dei funghi saltati in padella, o spinaci o erbette.

Livello di difficoltà: schiacciare le patate!

TORTINI DI PATATE CON CUORE FILANTE

Tutti quanti cerchiamo di diversificare le nostre cene, per non fare sempre le stesse pietanze. Per stimolare il palato dei più piccoli e fargli mangiare cose che magari in altra forma non guarderebbero nemmeno. Questa è una di quelle ricette che ho sperimentato per rendere appetibile un piatto semplice e ricco allo stesso tempo. I miei tortini con il cuore filante potrebbero creare dipendenza...

INGREDIENTI ‣ X 8 PERSONE

1 kg di patate ‣ **200 g** di tuma ‣ **200 g** di salsiccia ‣ **100 g** di formaggio grattugiato ‣ **60 g** di burro ‣ **2** uova ‣ **1 mazzetto** di prezzemolo ‣ Sale qb ‣ Pepe qb ‣ Pangrattato qb

- Bollite le patate, quindi schiacciatele e mettetele in una ciotola con il burro, il formaggio grattugiato, il prezzemolo e le uova. Aggiustate di sale e pepe. In una padella rosolate la salsiccia privata del budello. Prendete dei pirottini, spennellateli con il burro, foderateli con il pangrattato e riempiteli fino a metà con il composto. Ponete al centro la salsiccia insieme ad alcuni pezzetti di tuma e chiudete con un altro cucchiaio di impasto. Mettete un po' di pangrattato in superficie. Infornate in forno statico a 200 °C per 10/15 minuti. Appena pronti, sformate e servite.

CONSIGLIO:

Prendete le olive grandi, che sono più facili da tagliare e anche più soddisfacenti al palato!

Livello di difficoltà: non esiste

OLIVE RIPIENE (ALIVI CHINI)

C'è una grande cultura delle olive in Sicilia. In provincia di Messina le fanno anche fritte. Nella Sicilia occidentale fanno le classiche* alivi infurnati *e un po' ovunque le* alivi scacciate*!
Le olive ripiene che vi propongo sono una ricetta originaria di Messina, molto antica, che ha subito tante variazioni nel tempo. È un modo davvero inusuale di preparare un aperitivo sfizioso, che stupirà i vostri ospiti.

INGREDIENTI ‣ X 10 PERSONE

500 g di olive verdi denocciolate ‣ **100 g** di pangrattato ‣ **5** acciughe sott'olio ‣ **3 cucchiai** di aceto di vino rosso ‣ **30 g** di caciocavallo grattugiato ‣ Qualche foglia di menta fresca ‣ **1 ciuffetto** di prezzemolo ‣ Olio extravergine d'oliva qb ‣ Sale qb ‣ Pepe qb

- Tritate l'acciuga, il prezzemolo, la menta e mescolateli al pangrattato con il caciocavallo. Amalgamate il tutto aggiungendo un filo d'olio extravergine d'oliva, sale, pepe e qualche goccia di aceto. Tagliate a metà le olive, facendo in modo di lasciare la base integra, e riempitele con il composto preparato.

CONSIGLIO:

Se volete utilizzare lo strutto come nella ricetta originale, fatelo. La frittura sarà ancora più croccante. Usatene una bella noce, si scioglierà all'istante e, appena caldo, sarà pronto per ricevere le vostre fette di pane.

Livello di difficoltà: non esiste

PANE FRITTO ALLA MESSINESE

Se siete arrivati fino a qui, avrete già sentito parlare delle olive ripiene… ecco, questo pane è perfetto per accompagnarle. Non ve ne descrivo la bontà, perché si comprende solo a occhi chiusi, quando si dà un morso alla fetta di pane.
Il pane fritto è considerato tipico di tutta la Sicilia nordorientale e appartiene certamente alla civiltà contadina del recupero, visto che impiega il pane casareccio raffermo. È quindi anche una classica ricetta antispreco. Non scandalizzatevi se nella ricetta tradizionale c'è lo strutto… io stavolta vi ho graziato! Anche la versione dolce è una bomba. Basta friggere nel burro (ma anche olio extravergine d'oliva va bene) e poi passare le fette nello zucchero semolato. La nostra merenda da bambini. Non c'era merendina confezionata che potesse reggere il confronto.

INGREDIENTI

Fette di pane casareccio raffermo ‣ Olio extravergine d'oliva qb ‣ Vino rosso qb ‣ Sale qb

- Affettate il pane, bagnatelo nel vino rosso e friggetelo in olio extravergine d'oliva caldo, quindi scolatelo su carta assorbente, salate e servite.

CONSIGLIO:

Se vi resta un po' del condimento utilizzato per farcire i pomodori, potete conservarlo in frigorifero e utilizzarlo per fare dei meravigliosi involtini di pesce spada o di carne.

Livello di facilità: estremo

POMODORI RIPIENI ALLA SICILIANA

Anche in Sicilia abbiamo dovuto aspettare Cristoforo Colombo per avere il pomodoro e, dopo una prima fase di scetticismo, è nato un grande amore. Il pomodoro è protagonista assoluto della dieta mediterranea e sulle tavole siciliane ha un ruolo di tutto rispetto. Nell'Isola sono coltivate anche delle specie molto rare e pregiate, poste sotto tutela: pensiamo al pomodoro **buttiglieddru** ***nella zona di Licata, o al pomodoro*** **siccagno** ***nelle province di Caltanissetta e Palermo, o ancora al*** **pizzutello** ***delle Valli Ericine, coltivato soprattutto a Paceco, nel trapanese. I pomodori ripieni sono un inno alla bontà di questo ortaggio, che non manca mai sulle tavole dei siciliani.***

INGREDIENTI ‣ X 4 PERSONE

8 pomodori tondi ‣ **200 g** di pangrattato tostato ‣ **50 g** di acciughe ‣ **½** cipolla ‣ **20 g** di capperi ‣ **1 ciuffetto** di prezzemolo ‣ **1 spicchio** di aglio ‣ Caciocavallo grattugiato qb ‣ Origano qb ‣ Olio extravergine d'oliva qb ‣ Sale qb ‣ Pepe qb

- Togliete il cappello ai pomodori, privateli dei semi e fateli sgocciolare. Soffriggete la cipolla affettata insieme al prezzemolo tritato, all'aglio e alle acciughe spezzettate. Unite quindi il pangrattato tostato (per la ricetta della *muddica atturrata* vedi pagina 49), il caciocavallo, i capperi, l'origano, il sale e il pepe. Riempite i pomodori, disponeteli in una teglia unta d'olio extravergine d'oliva e cuocete in forno statico per 30 minuti a 180 °C.

CONSIGLIO:

Se volete, potete aromatizzare con paprica dolce e, se avete la friggitrice ad aria, si può evitare la frittura. Basta spennellare con un po' di olio extravergine d'oliva e cuocere per 10/12 minuti a 180 °C.

Livello di facilità: immenso

POLPETTE DI PARMIGIANO

Questa è una ricetta fantastica per la sua semplicità e, soprattutto, per il risultato. Fa parte del lungo elenco di piatti presenti nella mia personale categoria «minimo sforzo, massima resa». Quando qualche amica mi chiede un antipasto facile da portare a tavola, non ho dubbi a proporle queste polpette. Lo so che molti di voi le conoscono già, ne sono certa. Ma volevo avere anche io l'onore di proporvele con la mia piccola variante... Quale? Secondo me, leggendo l'elenco degli ingredienti, se un po' mi conoscete, capirete subito di che cosa si tratta...

INGREDIENTI ‣ X 4 PERSONE

350 g di formaggio grattugiato ‣ **200 g** di albumi ‣ Menta qb ‣ Olio extravergine d'oliva qb ‣ Sale qb

- Sbattete bene gli albumi con una frusta o una forchetta. Unite il formaggio grattugiato, la menta tritata e amalgamate al meglio. Deve risultare un composto ben sodo. Fate delle palline e friggete in olio extravergine d'oliva ben caldo, con la frittura a immersione.

CONSIGLIO:

Se non avete lo stracchino, potete utilizzare la crescenza o anche una deliziosa burrata o stracciatella. Vi leccherete i baffi!

Livello di facilità: immenso

BRUSCHETTE SALSICCIA E STRACCHINO

L'elenco delle ricette «minimo sforzo, massima resa» annovera nella top ten anche queste deliziose bruschette. È un altro dei consigli che do alle amiche quando non vogliono perdere troppo tempo ai fornelli, ma vogliono fare bella figura in cucina. Questa è una delle prime ricette che ho fatto, quando ho iniziato a vivere da sola e mi capitava di organizzare delle cene a casa. Devo questo suggerimento ad Alfonsa, la mitica Alfonsa, mamma della mia sorella acquisita Sabrina, che mi consigliò di provarle. Da allora quando faccio una cena, insieme ad altri antipasti che amo preparare, non mancano mai! E poi è una classica ricetta antispreco, perché io utilizzo sempre il pane raffermo...

INGREDIENTI ‣ X 6/8 PERSONE

10 fette di pane raffermo (se lo avete fresco, va bene uguale) ‣ **200 g** di salsiccia ‣ **200 g** di formaggio tipo stracchino

‣ Tagliate il pane a fette. Private la salsiccia del budello e schiacciatela insieme allo stracchino. Spalmate sulla fetta di pane e mettete in forno con funzione grill a 180/200 °C per una decina di minuti. Servite calde.

CONSIGLIO:

Se volete, al posto del pangrattato potete utilizzare della mollica di pane raffermo ammorbidita nel latte. Però strizzatela bene, altrimenti potrebbe rendere troppo molle l'impasto.

Livello di difficoltà: non annoverato

POLPETTINE DI MOZZARELLA

Volevo stupirvi con effetti speciali… ed eccomi qui con questa ricettina che adoro tantissimo. Dovete sapere che io, se potessi, mangerei sempre mozzarella. Mi piace in tutte le sue versioni, anche se ho una passione smodata per la semplicissima mozzarella fiordilatte. Quando ho scoperto che pure con la mozzarella si potevano fare delle deliziose polpette, sono stata felice. Perché le hanno mangiate anche i miei figli, che invece disdegnano la mozzarella nella sua versione originale. La polpetta, in generale, è il cibo ideale per prendere in giro i bambini. Ma è una presa in giro… a fin di bene. Provatele. Spero vi conquistino.

INGREDIENTI ▸ X 4 PERSONE

200 g di mozzarella ▸ **1** uovo ▸ **50 g** di pangrattato ▸ **20 g** di farina 00 ▸ Prezzemolo qb ▸ Olio extravergine d'oliva qb

▸ Frullate la mozzarella con l'uovo, il pangrattato, la farina e il prezzemolo. L'impasto deve risultare sodo. Se dovesse sembrarvi troppo morbido, aggiungete ancora un po' di pangrattato. Formate delle piccole polpettine, passatele nella farina e friggetele in una padella con olio extravergine d'oliva a filo.

CONSIGLIO:

Se volete osare e fare questo piatto un po' più sfizioso e croccante, potete anche friggere. Basta mettere due dita di olio extravergine d'oliva in padella e cuocere a fuoco dolce per 10 minuti.

Livello di difficoltà: non c'è

MINI TOAST DI ZUCCHINE

Nel mio frigorifero, le zucchine non mancano mai. Oramai sono state sdoganate in ogni momento dell'anno, nonostante la loro migliore espressione sia nel periodo estivo. Vi confesso che è un ortaggio che ho iniziato ad apprezzare da grande, perché a casa mia si cucinavano raramente. Quando poi le ho scoperte, non le ho più lasciate. Sono buone in ogni loro preparazione. Questa che vi propongo è molto gustosa e sfiziosa. Provatele e mi direte!

INGREDIENTI ‣ X 4 PERSONE

2 zucchine ‣ **100 g** di provola dolce tagliata a fette sottili ‣ **100 g** di prosciutto crudo (o cotto) ‣ **2** uova ‣ Qualche fogliolina di menta ‣ **1 ciuffetto** di prezzemolo ‣ Pangrattato qb ‣ Pecorino o formaggio grattugiato qb ‣ Granella di pistacchi qb ‣ Farina 00 qb ‣ Olio extravergine d'oliva qb ‣ Sale qb

‣ Mettete insieme pangrattato, pecorino, trito di pistacchi, menta e prezzemolo tagliati a pezzetti piccoli. Sbattete le uova. Tagliate longitudinalmente le zucchine. Farcite la zucchina con prosciutto crudo e una fetta di provola, e chiudete con un'altra fetta di zucchina. Passate il minitoast nella farina, poi nell'uovo, quindi nella panatura. Foderate una teglia di carta forno. Disponete i minitoast, condite con sale e un filo d'olio extravergine d'oliva. Cuocete in forno statico, caldo, a 180/190 °C per mezz'ora.

CONSIGLIO:

Se volete potete fare la versione della frittedda in agrodolce (trovate la ricetta a pagina 48). Se devo essere sincera, io la preferisco così.

Livello di difficoltà: pulire le verdure...

FRITTEDDA

La frittedda *è un altro di quei piatti sinonimo di Sicilia. Viene attribuita a tutta l'Isola, ma noi palermitani ne rivendichiamo orgogliosamente la paternità. Anche se i cugini ennesi non ci stanno, per via delle meravigliose fave di Leonforte, presidio Slow Food, che sono una delizia per questo piatto che è un'esplosione di sapori. Personalmente, è una pietanza che mi collega alla mia mamma, che ne va matta. Le piace così tanto che, nonostante la mia iniziale ritrosia (confesso, non mi ispirava), poi me l'ha fatta apprezzare e amare moltissimo. Se chiudo gli occhi la rivedo intenta a pulire chili e chili di carciofi, a «munnare» (sbucciare) le fave e i piselli freschi per fare la sua adorata* frittedda*. Grazie, mamma. Questo piatto è una poesia.*

INGREDIENTI ‣ X 4 PERSONE

500 g di fave fresche ‣ **500 g** di pisellini ‣ **4** carciofi ‣ **1** cipolla ‣ Olio extravergine d'oliva qb ‣ Sale qb ‣ Pepe qb

- Affettate la cipolla sottile e fatela soffriggere in olio extravergine d'oliva, unite i carciofi tagliati a fette sottili, quindi le fave e i piselli. Aggiustate di sale e pepe, e fate cuocere per un'oretta a fuoco dolce. Non aggiungo acqua perché le verdure hanno già la loro. E vedrete che con questo metodo di cottura, il sapore sarà irresistibile!

CONSIGLIO:

Per chi vuole risparmiare la frittura, si possono fare anche in forno. Irrorate con un filo d'olio extravergine d'oliva prima di infornarle a 180 °C, in modalità statica, per 20 minuti.

Livello di facilità: assoluto

MULINCIANI (MELANZANE) SCIATRI E MATRI

Quando ho scoperto questa ricetta, devo ammetterlo, mi sono fatta prendere tantissimo dal nome. Un nome che riecheggia in me tanti ricordi. «Sciatri e matri» è un'esclamazione tipica di noi siciliani quando restiamo sorpresi dinanzi a un fatto. Sia esso bello o brutto. Esprime un senso di stupore, di incredulità su qualcosa che non sarebbe potuto accadere, e invece è successo. Se dovessi provare a tradurvelo in italiano, ammetto che farei fatica. Ci sono varie versioni, quella più leggendaria a cui mi sono affezionata ci riconduce alla principessa araba Shater, che, vittima della gelosia del padre, venne rinchiusa quasi prigioniera nelle stanze del palazzo, per evitare che gli uomini potessero avvicinarla. Ma ciò non bastò a impedire la nascita di un bambino: qualcosa di sorprendente e incredibile, per l'appunto! Come sorprendente è per me questa ricetta, che nella sua semplicità dona meraviglia.

INGREDIENTI ‣ X 6 PERSONE

3 melanzane ‣ **2** uova ‣ Olio extravergine d'oliva qb ‣ Sale qb ‣ Farina 00 qb ‣ Pangrattato qb

Per la besciamella: Vedi la ricetta a pagina 21

- Pulite le melanzane, tagliatele a fette, cospargetele con il sale e lasciatele riposare per un'ora circa affinché perdano il liquido di vegetazione, quindi sciacquatele e asciugatele. Mettete poi su una fetta, al centro, la besciamella, quindi coprite con un'altra fetta, passate nella farina, nell'uovo battuto, nel pangrattato e friggete in olio extravergine d'oliva a filo ben caldo.

CAPITOLO 4

PRIMI PIATTI

CONSIGLIO:

Per maggiore comodità vi consiglio di utilizzare una teglia a cerniera. Così sarà senza rischi la delicata procedura di sformatura.

Livello di difficoltà: bollire il riso!

GATTÒ DI RISO DI BIVONA

Gattò, scritto proprio così. Figlio del più autentico e famoso gâteau di patate e portato in Italia dai cuochi di corte, i francesi Monsù, questo timballo regala emozioni sensoriali al primo assaggio. Nulla di speciale, ma nelle cose semplici si nasconde sempre un certo stupore. Mio marito lo adora, perché si avvicina moltissimo al tipico sartù napoletano. Si dice sia tipico di Bivona, un bellissimo centro dell'agrigentino, famoso per le pesche. Se capitate da quelle parti, fatene scorta. Sono sensazionali.

INGREDIENTI ‣ X 8 PERSONE

500 g di riso carnaroli ‣ **300 g** di carne trita (mix di maiale e bovino) ‣ **200 g** di primosale o tuma ‣ **1** melanzana ‣ **100 g** di estratto di pomodoro ‣ **100 g** di pangrattato ‣ **1** cipolla ‣ **2** uova sode ‣ **1 bustina** di zafferano ‣ Caciocavallo grattugiato qb ‣ Olio extravergine d'oliva qb ‣ Sale qb ‣ Pepe qb

- Lessate il riso in una pentola con acqua aggiungendo una bustina di zafferano. A parte, soffriggete la cipolla tritata con olio extravergine d'oliva, unite la carne tritata e l'estratto di pomodoro sciolto in una tazza d'acqua. Regolate di sale e pepe, lasciate addensare e cuocete per circa 20 minuti; quindi, versate sul riso e mescolate per bene, aggiungendo anche qualche cucchiaio di caciocavallo.
- In una teglia unta di olio extravergine d'oliva e spolverata abbondantemente di pangrattato, mettete uno strato di riso, aggiungete pezzetti di primosale (o tuma, o provola), le uova sode a fettine, tocchetti di melanzane fritte precedentemente, coprite con un altro strato di riso, pressando con una paletta in modo che diventi compatto.
- Spolverate il timballo con abbondante pangrattato e caciocavallo, un filo di olio extravergine d'oliva e passate nel forno statico a 180 °C per circa mezz'ora.

CONSIGLIO:

Non inorridite se trovate la cannella tra gli ingredienti. Vi sorprenderà. Se volete ometterla, fatelo... ma non sapete cosa vi perdete.

Livello di difficoltà: inesistente

SPAGHETTI IN SALSA MORESCA

Questa ricetta è un po' la sintesi della Sicilia, ricca di contaminazioni e sapori che tra loro possono sembrare incompatibili, ma che invece regalano un'assoluta unicità a questo piatto. È la classica pietanza che raccoglie un mix di ingredienti poveri, che però danno vita a una vera e propria esplosione di sapori. Si dice che a realizzarlo per la prima volta furono dei marinai, che nel 1091 d.C. si trovarono a fronteggiare i Mori. Non potendo uscire in mare a causa della battaglia, si inventarono questo piatto con ciò che avevano nelle loro cambuse. E io non posso che ringraziarli per questa meraviglia.

INGREDIENTI ‣ X 4 PERSONE

400 g di spaghetti ‣ **60 g** di bottarga di tonno grattugiata ‣ **1 spicchio** di aglio ‣ Succo di **1** arancia ‣ Succo di **1** limone ‣ **1 cucchiaio** di aceto ‣ **1 pizzico** di zucchero semolato ‣ **1 pizzico** di cannella ‣ Peperoncino fresco qb ‣ Prezzemolo qb ‣ Olio extravergine d'oliva qb ‣ Pangrattato qb ‣ Caciocavallo grattugiato qb ‣ Sale qb

- Scaldate in una padella l'olio extravergine d'oliva, mettete l'aglio, il peperoncino e i gambi di prezzemolo, fate andare qualche minuto. Quindi unite il succo di arancia e di limone, l'aceto, lo zucchero e la cannella. Cuocete la pasta, scolatela al dente e mescolatela al condimento, al quale aggiungerete, se necessario, altra acqua di cottura e la bottarga. Unite il prezzemolo fresco e il pangrattato precedentemente tostato (vedi la ricetta della *muddica atturrata* a pagina 49) con olio extravergine d'oliva e caciocavallo.

PRIMI PIATTI

CONSIGLIO:

Se non avete i fusilloni, usate la pasta che avete in dispensa. L'importante è che sia pasta corta...

Livello di difficoltà: cuocere gli sparaceddi!

FUSILLONI SALSICCIA E CREMA DI SPARACEDDI

Quando devo fare un piatto semplice ma sfizioso, questo è uno dei primi che mi viene in mente. Gli* sparaceddi *sono una delle mie verdure preferite. Per chi non sapesse di cosa stiamo parlando, lo spiego subito. Gli* sparaceddi *(vietato italianizzarli in sparacelli) sono quelli che nel resto del mondo si chiamano broccoli, e quello palermitano è talmente pregiato che è stato inserito nell'elenco dei prodotti agroalimentari tradizionali italiani. Provate a fare questa pasta, e sono certa che vi resterà nel cuore.

INGREDIENTI ‣ X 4 PERSONE

500 g di sparaceddi (broccoletti) ‣ **500 g** di salsiccia ‣ **300 g** di fusilloni ‣ **150 g** di robiola ‣ Caciocavallo grattugiato (oppure pecorino o formaggio grattugiato) qb

- Rosolate in padella la salsiccia, fatela tostare bene e mettetela da parte. Bollite gli sparaceddi, scolateli (conservate l'acqua di cottura), quindi frullateli con la robiola. Cuocete la pasta e mantecate in padella con la crema e la salsiccia. Per finire, spolverate con caciocavallo abbondante.

CONSIGLIO:

Essendo, questa, una ricetta per smaltire la pasta avanzata, mi raccomando, utilizzate senza problemi ciò che avete. Se poi vi stuzzica l'idea di questo piatto e non avete pasta avanzata, cuocetela, conditela con abbondante burro e formaggio grattugiato, e procedete.

Livello di difficoltà: girare la frittata!

FRITTATA DI PASTA ALLA NAPOLETANA

Chi mi conosce sa che per me non sprecare nulla in cucina è una missione. Difficilmente butto via il cibo e, a volte, vengo anche rimproverata da mio marito, perché gli propongo per due giorni la stessa cosa. Ma quando avanza la pasta asciutta (ammetto che ne faccio sempre un po' in più), questa è la ricetta che più gli piace e che mangerebbe anche per tre giorni consecutivi. È tipica della sua terra, la Campania, **'a frittat i maccarun,** ***e con qualche differenza negli ingredienti, gliela propongo spesso. Ottima per un pranzo con gli amici all'aperto. A temperatura ambiente è una delizia.***

INGREDIENTI ‣ X 4 PERSONE

300 g di pasta avanzata ‣ **4** uova ‣ **100 g** di mozzarella o provola ‣ **60 g** di formaggio grattugiato ‣ Sale qb ‣ Olio extravergine d'oliva qb

- Sbattete le uova con il formaggio grattugiato, salate e aggiungete alla pasta. Unite anche dei pezzetti di provola o mozzarella. Scaldate un po' di olio extravergine d'oliva in padella e buttate dentro la pasta con le uova. Fate cuocere bene da entrambi i lati. Dovrà formarsi una deliziosa crosticina. Impiattate e servite.

CONSIGLIO:

Se non avete la ricotta, potete usare la robiola. Ci sta molto bene.

Livello di difficoltà: pulire i carciofi...

RISOTTO CARCIOFI E SALSICCIA

Quando per la prima volta ho fatto questa ricetta, ho usato come cavie alcuni amici ospiti a cena. Avevo dei carciofi meravigliosi e volevo esaltarli con un primo. Cosa fare? Un risotto speciale. Andando oltre la già meravigliosa realtà del semplice risotto ai carciofi, che a casa mia non è mai mancato. Quindi ho pensato di creare questo mix, e devo dire che non è andata male... anzi! Quindi adesso tocca a voi.

INGREDIENTI ‣ X 4 PERSONE

4 carciofi ‣ **300 g** di riso carnaroli ‣ **300 g** di salsiccia ‣ **150 g** di caciocavallo grattugiato ‣ **100 g** di ricotta vaccina ‣ **1** cipolla ‣ **1 bicchiere** di vino bianco ‣ Brodo vegetale qb ‣ Olio extravergine d'oliva qb ‣ Scorza di **1** limone ‣ Sale qb ‣ Pepe qb ‣ Succo di limone qb (per non far annerire i carciofi) ‣ Acqua qb

‣ Pulite bene i carciofi, privandoli delle parti dure e della barbetta. Tagliateli a fettine sottili e metteteli a riposare in acqua e limone. In una padella, versate un filo di olio extravergine d'oliva con la cipolla tagliata a piccoli pezzetti e fate dorare. Unite i carciofi e lasciate andare qualche minuto. Quindi aggiungete la salsiccia sbriciolata e privata del budello. Fate insaporire bene, mettete il riso, sfumate con il vino bianco, lasciate evaporare e, utilizzando il brodo vegetale, portate a cottura. Appena è quasi pronto, salate, unite un cucchiaio di ricotta, maneggiate e finite con il caciocavallo grattugiato, pepe e le scorzette di limone.

CONSIGLIO:

Se volete usare la pasta corta, vi consiglio delle orecchiette o gnocchetti sardi. Il condimento si aggrapperà alla pasta e sarà un piatto super godurioso.

Livello di facilità: assoluto

BUCATINI RU MALU TEMPU

L'arte di arrangiarsi in Sicilia è la nostra chiave di volta. Da sempre, nei secoli, abbiamo fatto di necessità virtù. Come diceva mia nonna, «unni un c'arrivamu ci mittiemo a scala» (dove non arriviamo usiamo la scala). E questo semplicissimo piatto di pasta ne è un esempio. Quando c'era maltempo (da qui il nome «bucatini ru malu tempu»), i pescatori non uscivano e quindi il pesce scarseggiava. Quindi cosa fare? Utilizzare degli ingredienti che c'erano in dispensa e una bella quantità di finocchietto selvatico. In qualche modo la stessa filosofia della pasta con le sarde a mare, ma qui manca del tutto il pomodoro.

INGREDIENTI ‣ X 4 PERSONE

300 g di bucatini ‣ **50 g** di filetti di alici sott'olio ‣ **50 g** di pinoli ‣ **40 g** di uva sultanina ‣ **2 spicchi** di aglio ‣ **1 bustina** di zafferano ‣ **½ bicchiere** di vino bianco ‣ **1 cucchiaio** di pasta d'acciughe ‣ 1 **mazzetto** di finocchietto selvatico ‣ Pangrattato qb ‣ Sale qb ‣ Olio extravergine d'oliva qb

- Sbollentate il finocchietto in abbondante acqua salata, in cui avete disciolto la bustina di zafferano. Quindi, nella stessa acqua, cuocete la pasta. Preparate la *muddica atturrata* (vedi la ricetta a pagina 49). In una padella rosolate le alici con uno spicchio di aglio, aggiungendo la pasta di acciughe, i pinoli e l'uvetta, unite un po' di finocchietto tagliato piccolino e sfumate con vino bianco. Nel frattempo, frullate il restante finocchietto con un po' di olio extravergine d'oliva. Maneggiate la pasta in padella con il condimento, aggiungete la crema di finocchietto, una bella spolverata di *muddica atturrata* e servite.

CONSIGLIO:

I mezzi paccheri sono perfetti, ma potete usare una pasta corta di vostro gradimento. Se volete ripassarla in forno... io ve l'ho detto!

Livello **di difficoltà:** tagliare i carciofi

MEZZI PACCHERI CON CARCIOFI E STRACCIATELLA

I carciofi a casa mia (quando è periodo) non mancano mai. Non sono quelli di Cerda, ma riesco a trovare dei buoni sostituti. Questo è un primo semplice, facile e di grande effetto. Quindi giusto per voi. Anzi per noi!

INGREDIENTI ‣ X 4 PERSONE

300 g di mezzi paccheri ‣ **4** carciofi ‣ **200 g** di stracciatella ‣ **1** cipollotto ‣ **1 ciuffetto** di prezzemolo ‣ Formaggio grattugiato qb ‣ Sale qb ‣ Pepe qb

- Pulite bene i carciofi, ricavate la parte tenera e tagliatela a fettine sottili. In una padella sminuzzate un cipollotto, rosolatelo con olio extravergine d'oliva, quindi unite i carciofi. Aggiungete un po' d'acqua, salate e cuocete per 15 minuti. Appena pronti, mettete il prezzemolo. Nel frattempo, cuocete la pasta, quindi maneggiatela in padella con i carciofi e aggiungete la stracciatella, il pepe e il formaggio grattugiato.

CONSIGLIO:

Alcune versioni non prevedono l'uso del cavolfiore. Quindi, se volete, potete anche ometterlo, ma onestamente ci sta benissimo!!!

Livello di difficoltà: fare in modo che l'odore del cavolfiore non infesti la casa

PASTA ALLA PAOLINA

Pare che la pasta alla Paolina debba il nome al suo inventore: il frate cuciniere del convento di San Francesco di Paola a Palermo. Vivevano seguendo la regola francescana, cioè in povertà assoluta, e non potevano mangiare carne e derivati. Quindi il saggio frate fece di necessità virtù e creò questo piatto vegetariano. Chissà se è una storia vera o una leggenda... L'unica certezza è che di questa pasta ne esistono infinite versioni. Questa è la mia.

INGREDIENTI ‣ X 4 PERSONE

400 g di bucatini ‣ **1** cavolfiore ‣ **300 ml** di salsa di pomodoro ‣ **50 g** di estratto di pomodoro ‣ **30 g** di acciughe ‣ **2 spicchi** di aglio ‣ **½** cipolla ‣ **1 ciuffetto** di prezzemolo ‣ Cannella qb ‣ Chiodi di garofano qb ‣ Olio extravergine d'oliva qb ‣ *Muddica atturrata* qb (vedi la ricetta a pagina 49) ‣ Sale qb

‣ Sbollentate il cavolfiore in acqua salata, cuocetelo e, nel frattempo, in padella fate un soffritto di aglio, cipolla e gambi di prezzemolo. Aggiungete quindi le acciughe, fate sciogliere bene e unite il cavolfiore a pezzettini. Amalgamate bene, quindi mettete l'estratto di pomodoro, la salsa, la cannella, i chiodi di garofano e fate andare per 15 minuti. Cuocete la pasta nella stessa acqua di cottura del cavolfiore. Appena è pronta, maneggiatela con il condimento in padella e servite con *muddica atturrata* e prezzemolo fresco.

CONSIGLIO:

Se avete voglia di fare un piatto vegetariano, potete non mettere lo speck, viene molto buona anche senza, solo un po' più delicata. Lo speck gli regala uno sprint in più niente male...

Livello di difficoltà: laborioso ma facile

SFORMATO DI PASTA AL FORNO AI FIORI DI ZUCCA

Una domenica avevo ospiti a pranzo e volevo fare una pasta al forno speciale. Ho aperto il frigorifero e mi sono fatta ispirare. Dopo averlo osservato con attenzione per un po', non ho avuto dubbi nel realizzare questo sformato. Spettacolare! Direi che è il caso di pensare di comprare gli ingredienti per realizzarlo.

INGREDIENTI ▸ X 6 PERSONE

600 g di rigatoni ▸ **500 g** di zucchine ▸ **15 fiori** di zucca ▸ **2** mozzarelle ▸ **150 g** di speck ▸ **100 g** di caciocavallo ▸ **1** cipollotto ▸ Olio extravergine d'oliva qb ▸ Pangrattato qb ▸ Sale qb ▸ Pepe qb

Per la besciamella: Vedi la ricetta a pagina 21

▸ Preparate la besciamella e lasciate da parte. In padella fate rosolare la cipolla tritata con un filo di olio extravergine d'oliva. Unite lo speck a dadini o listarelle e fate insaporire. Aggiungete le zucchine a dadini piccoli e i fiori di zucca, privati del pistillo e tagliati a striscioline. Coprite e lasciate appassire per circa 20 minuti. Cuocete la pasta in acqua bollente salata, scolatela a metà cottura e saltatela in padella con il condimento di zucchine. Mantecate con il caciocavallo e aggiungete circa la metà della besciamella. Trasferite una prima metà di pasta in una tortiera o pirofila ben unta di olio extravergine d'oliva e spolverata con pangrattato. Distribuite sopra la mozzarella a fette e coprite con la pasta rimasta. Finite con la besciamella avanzata, mozzarella a dadini, caciocavallo grattugiato, pepe e pangrattato. Passate in forno statico, caldo, a 180 °C per 20 minuti. Gli ultimi 5 minuti con la funzione grill.

CONSIGLIO:

Il condimento di questa pasta, come avete visto, si realizza a crudo. Se voleste farla con il pomodoro, scegliete pomodori maturi e aggiungete anch'essi a crudo.

Livello di difficoltà: non c'è!

SPAGHETTI ALLA CARRETTIERA

Anche questo piatto profuma di storia ed è molto rappresentativo della Sicilia. Ne esistono due varianti: la prima - la più semplice - prevede un condimento a base di olio extravergine d'oliva, aglio crudo, pepe e pecorino grattugiato. La seconda richiede anche il pomodoro pelato. Esiste una bella storia sul nome di questo piatto: pare derivi dagli antichi carrettieri, che lo cucinavano con prodotti che si conservavano facilmente. In questo modo potevano gustare la pasta anche mentre viaggiavano. Erano persone modeste, non navigavano nell'oro, trasportavano merci o persone in cambio di pochi soldi. Nel corso dei loro viaggi, non potendo fermarsi nelle osterie, si portavano l'occorrente per mangiare in qualsiasi momento il loro pasto.

INGREDIENTI ‣ X 4 PERSONE

300 g di spaghetti ‣ **150 g** di pecorino ‣ **1 ciuffo** di prezzemolo ‣ **2 spicchi** di aglio ‣ **1 pizzico** di peperoncino ‣ Olio extravergine d'oliva qb ‣ Sale qb ‣ *Muddica atturrata* qb (vedi la ricetta a pagina 49)

- Fate bollire l'acqua, salate e appena pronta, buttate giù la pasta. In una ciotola capiente mettete l'aglio tagliato a pezzetti con abbondante olio extravergine d'oliva, aggiungete il peperoncino e il prezzemolo. Appena la pasta è pronta, versatela nella ciotola, mescolate bene e unite il pecorino e un po' di *muddica atturrata*.

CONSIGLIO:

Se avete la classica «cucuzza» siciliana, quella lunga, usatela pure... io la preferisco, ma non sempre la trovo!

Livello di difficoltà: trovare un buon pesto di pistacchi!

SPAGHETTI CON ZUCCHINA FRITTA, MENTA E MUDDICA

Quando propongo questa pasta, sono tutti felici, tranne i miei figli, che non mangiano nulla di ciò che è verde. Purtroppo. È una pasta dal sapore estivo, dai pranzi sulle terrazze la domenica, o le tavolate serali con gli amici. Il valore aggiunto è sicuramente il pesto di pistacchi… Io la trovo goduriosa nella sua semplicità.

INGREDIENTI ‣ X 4 PERSONE

300 g di spaghetti ‣ **3** zucchine ‣ **70 g** di formaggio grattugiato ‣ **2 cucchiai** di pesto di pistacchi ‣ Qualche foglia di menta ‣ Farina 00 qb ‣ Pangrattato qb

- Tagliate le zucchine a rondelle, quindi passatele velocemente nella farina e friggetele. Fate bollire l'acqua per la pasta. In un padellino tostate il pangrattato (la ricetta della *muddica atturrata* è a pagina 49). Appena la pasta è pronta, mettetela in padella, aggiungete il pesto di pistacchi per mantecare, ammorbidendolo con un po' di acqua di cottura. Maneggiate, aggiungete le zucchine, maneggiate ancora con un po' di formaggio grattugiato e servite con la mollica tostata e qualche foglia di menta.

CONSIGLIO:

Se la farete riposare, sarà ancora più buona!

PASTA PATATE E PROVOLA

Quando volete fare un piatto semplice ma goloso, anzi godurioso, non potete avere dubbi. Dovete cimentarvi in questa pasta. Se ci penso, mi viene l'acquolina. Cremosa, ricca, sontuosa. Gli ingredienti sono pochissimi, e neanche molto costosi, eppure regalano alla tavola gioia e festa. La pasta patate e provola è diffusa un po' ovunque, anche se la matrice è napoletana. E sapete che io con Napoli ho un rapporto privilegiato... A casa nostra si cucina spesso, almeno una volta ogni 15 giorni, soprattutto in inverno. Perché regala calore, nel vero senso della parola. Anche qualche caloria di troppo... ma questo è un altro discorso.

INGREDIENTI ‣ X 4/6 PERSONE

600 g di patate ‣ **500 ml** di acqua ‣ **300 g** di pasta mista (o pasta corta che avete) ‣ **150 g** di provola affumicata ‣ **½** cipolla ‣ **1 costa** di sedano ‣ **1** carota ‣ Formaggio grattugiato qb ‣ Sale qb ‣ Pepe qb ‣ Menta qb ‣ Estratto di pomodoro qb

- Soffriggete la cipolla con la carota e il sedano, tutto a pezzetti piccoli. Unite le patate e fate insaporire un po'. Aggiustate di sale e aggiungete 500 ml d'acqua, fate cuocere per una mezz'ora. Unite un cucchiaio di estratto di pomodoro. Aggiungete un altro po' d'acqua calda (o brodo) e mettete la pasta. Prima di finire la cottura, aggiungete la provola tagliata a dadini e la menta. A cottura ultimata, spolverate con un po' di formaggio grattugiato e pepe.

CONSIGLIO:

Utilizzate la ricotta vaccina se non avete quella di pecora, o anche una burrata o della stracciatella. Sarà comunque golosissima...

Livello di difficoltà: imbarazzante

RIGATONI AL PESTO DI POMODORI SECCHI

La pasta asciutta dalle nostre parti è una cosa seria. Quando poi a incontrarsi sono degli ingredienti che rappresentano una grande ricchezza per il nostro patrimonio gastronomico, allora diventa tutto serissimo... Fate incontrare, per caso, i pomodori secchi, il caciocavallo, la ricotta, la menta e i pistacchi, e scoprirete una sinfonia di sapori che vi lascerà senza fiato. Non voglio insistere nel convincervi a farla... ma dovete promettermi che almeno ci proverete, perché vi farete un regalo. Ve lo garantisco! Parola di Giusina.

INGREDIENTI ▸ X 4 PERSONE

300 g di rigatoni ▸ **300 g** di salsiccia ▸ **150 g** di pomodori secchi ▸ **100 g** di caciocavallo grattugiato ▸ **2 cucchiai** di ricotta di pecora (o vaccina) ▸ **½ bicchiere** di vino rosso ▸ **1** cipollotto ▸ **2 bustine** di zafferano ▸ Qualche fogliolina di menta ▸ Pangrattato qb ▸ Farina e granella di pistacchi qb ▸ Olio extravergine d'oliva qb ▸ Sale qb

- Rosolate il cipollotto tagliato finemente in padella con l'olio extravergine d'oliva, unite la salsiccia privata del budello e sbriciolata, continuate a rosolare, quindi sfumate con vino rosso. Nel frattempo, preparate la *muddica atturrata* in padella (vedi la ricetta a pagina 49) con olio extravergine d'oliva, pangrattato, farina di pistacchi e caciocavallo grattugiato. Per il pesto, frullate i pomodori secchi insieme al caciocavallo, qualche fogliolina di menta, la ricotta di pecora, olio extravergine d'oliva, sale e due cucchiai di acqua di cottura della pasta.
- Mettete quindi a bollire l'acqua, alla quale aggiungerete due bustine di zafferano in polvere. Cuocete la pasta, scolatela al dente e maneggiatela in padella; se necessario, unite ancora un po' d'acqua di cottura. Servite con ancora un po' di *muddica atturrata* e granella di pistacchi.

CAPITOLO 5

SECONDI PIATTI

CONSIGLIO:

Se volete un piatto ancora più gustoso e particolare, spolveratelo con della granella di mandorle. Sarà uno spettacolo.

Livello di difficoltà: trovare un buon pesce spada

PESCE SPADA ALLA GHIOTTA

Il pesce spada alla ghiotta è un piatto della tradizione culinaria messinese. Ogni anno, da aprile a ottobre, il pesce spada passa attraverso lo stretto di Messina e i pescatori, a bordo delle loro feluche, lo pescano per portarlo sulla tavola. È grazie a questa usanza millenaria se la carne di pesce spada è presente sulle tavole siciliane e rappresenta uno dei secondi piatti più diffusi e apprezzati della cucina dell'Isola.

INGREDIENTI ‣ X 4 PERSONE

4 fette di pesce spada ‣ **200 g** di pomodorini di Pachino ‣ **50 g** di olive nere fresche ‣ **1 manciata** di capperi ‣ **1 ciuffo** di prezzemolo ‣ **2 spicchi** di aglio ‣ Olio extravergine d'oliva qb ‣ Sale qb ‣ Pepe qb ‣ Origano qb

- In una padella soffriggete un paio di spicchi di aglio con olio extravergine d'oliva; quindi, aggiungete i pomodorini tagliati in quattro parti e fate insaporire. Unite le olive denocciolate e i capperi e fate cuocere per una decina di minuti, fino a far appassire il pomodoro. Quindi aggiustate di sale e pepe. Mettete le fette di pesce spada, salate, e fate cuocere con coperchio da entrambi i lati per pochi minuti. Servite con prezzemolo fresco e un po' di origano.

CONSIGLIO:

Potete anche usare delle fettine di lonza di maiale. Se volete farle più golose, aggiungete dei pezzetti di formaggio.

Livello di difficoltà: pelare l'aglio!

CARNE ALLA PIZZAIOLA

Che dire di questo piatto? È un secondo che penso ognuno di noi abbia mangiato almeno una volta nella vita. È il cibo del ricordo, della mamma, della nonna. Mia madre la faceva sempre, era un'alternativa all'altro grande classico: la fettina panata arrostita. Un altro modo di portare a tavola qualcosa di confortevole e buono. Semplicissimo da realizzare, quindi anche velocissimo. Stavolta non avete scuse. Andate in cucina e mettetevi all'opera!

INGREDIENTI ‣ X 4 PERSONE

500 g di fettine di manzo sottili ‣ **400 ml** di passata di pomodoro a pezzi ‣ **1 spicchio** di aglio ‣ Olio extravergine d'oliva qb ‣ Sale qb ‣ Pepe qb

- Soffriggete l'aglio in olio extravergine d'oliva, poi unite la passata di pomodoro, fate andare per una decina di minuti e insaporite aggiustando di sale e pepe. Quindi adagiate la carne, fate cuocere per pochi minuti e servite. Potete anche completare con un po' di origano.

Livello di difficoltà: Sigillarlo bene

POLPETTONE ALLA SICILIANA

Inutile girarci attorno, ma quando si fa un bel polpettone e si mette a tavola, è un momento di festa, di allegria. Quando c'è qualcosa da festeggiare o semplicemente quando si ha voglia di fare un piatto buono e ricco, io davanti al polpettone mi inchino. Se poi è quello tipico delle nostre zone, come appunto questo alla siciliana, ammetto che l'inchino è doppio. È sontuoso, regale, fiabesco. Un polpettone con queste caratteristiche? Giusina è pazza, direte... e invece vi sfido alla prova.

INGREDIENTI ‣ X 6 PERSONE

250 g di trito di vitello ‣ **250 g** di trito di maiale ‣ **100 g** di mollica di pane ‣ **3** uova ‣ **50 g** di caciocavallo grattugiato ‣ **1 ciuffo** di prezzemolo ‣ Latte qb ‣ Farina 00 qb ‣ Pepe qb ‣ Sale qb

Per la farcitura: 3 uova sode ‣ **100 g** di prosciutto cotto ‣ **100 g** di tuma

Per il sugo: 600 ml di salsa di pomodoro ‣ **½** cipolla ‣ **1 cucchiaino** di zucchero semolato ‣ Basilico qb ‣ Sale qb

‣ Per il sugo, rosolate la cipolla in olio extravergine d'oliva, aggiungete la salsa di pomodoro, aggiustate di sale e zucchero e iniziate la cottura. Mettete abbondante basilico. Ci vorrà un'oretta. In una ciotola iniziate a impastare il polpettone: unite la carne, il pane ammollato nel latte, ben strizzato, un uovo, il prezzemolo tritato finemente, il caciocavallo, sale e pepe. Non appena il composto sarà omogeneo, stendetelo e allargatelo su un foglio di carta forno, quindi ponete al centro il prosciutto, la tuma e tre uova sode intere. Richiudete e sigillate bene.

- In una ciotola possibilmente ovale, capiente, sbattete due uova, passatevi con attenzione il polpettone, e poi rotolatelo nella farina. Una volta fatta l'operazione, mettete in padella con un filo di olio extravergine d'oliva e fate rosolare un po'. Sarà necessario sigillarlo bene da ogni lato, in modo che quando sarà nel sugo non si aprirà. Appena sarà dorato da tutti i lati, ponetelo con attenzione nella pentola con il sugo. Cuocetelo per un'oretta a fuoco dolce.

CONSIGLIO:

Attenzione alle operazioni di sigillatura. Sono fondamentali per non fare aprire il polpettone in cottura. Se passarlo nell'uovo vi risulta complicato, usate il pennello e spennellate abbondantemente.

CONSIGLIO:

Se vi piacciono, potete anche mettere dei piselli, così da fare un secondo ancora più sostanzioso. Vi sembrerà di mangiare un piatto molto ricco con pochissimi ingredienti e anche poco impegnativi.

Livello di difficoltà: non esiste

POLPETTE DI PANE E FORMAGGIO CON PATATE

Un piatto tipico della tradizione contadina, povero ma ricchissimo. Quando gli agricoltori si recavano in campagna, portavano con sé il cibo per il pranzo. Questo era uno dei pasti che spesso le donne preparavano ai loro mariti per garantirgli nutrimento e sostanza, senza rinunciare al gusto e soprattutto senza spendere tanti soldi. Si fanno, infatti, con il pane raffermo, che è l'ingrediente principale del piatto. Un'altra ricetta del riciclo, che dovete fare vostra. È un piatto delizioso.

INGREDIENTI ▸ X 4 PERSONE

400 g di mollica di pane raffermo ▸ **300 ml** di passata di pomodoro ▸ **3** patate ▸ **2** uova ▸ **3 cucchiai** di caciocavallo grattugiato ▸ Qualche foglia di basilico ▸ **1 ciuffo** di prezzemolo ▸ Qualche foglia di alloro ▸ **1** cipolla ▸ **1** carota ▸ Latte qb ▸ Olio extravergine d'oliva qb ▸ Sale qb ▸ Pepe qb

- Ammorbidite la mollica di pane nel latte. Strizzatela bene, quindi create un impasto aggiungendo il caciocavallo, il pepe, il prezzemolo tritato e le uova. Tagliate le patate a dadini. In un tegame fate soffriggere la cipolla e la carota grattuggiata, quindi aggiungete le polpette, le patate a tocchetti, l'alloro, la passata di pomodoro e qualche foglia di basilico. Aggiustate di sale e pepe e lasciate cuocere a fiamma bassa per una mezz'ora.

CONSIGLIO:

Potete servirle con un'insalatina o passarle nella salsa di pomodoro. Basterà adagiarle nel sugo e farle insaporire un po' a fiamma accesa. Serviranno pochi minuti.

Livello di difficoltà:
«... lo sanno fare cominciando dal ciuco»

POLPETTE DI LENTICCHIE ALLA SICILIANA

La storia delle polpette è antica quanto il mondo. Vari racconti si sono succeduti negli anni per spiegarne le origini, alcuni convincenti, altri meno. Nessuna certezza, dunque, se non quella che le polpette continueranno a sopravvivere alle epoche e alle mode. Il grande scrittore e gastronomo Pellegrino Artusi ne parlava così: «Non crediate che io abbia la pretensione d'insegnarvi a far le polpette. Questo è un piatto che tutti lo sanno fare cominciando dal ciuco, il quale fu forse il primo a darne il modello al genere umano». Un piatto che si può fare con qualsiasi ingrediente, sia esso carne, verdura o pesce, un cibo che piace a tutti, grandi e piccini, e che unisce popoli e culture diversissimi tra loro.

INGREDIENTI ‣ X 4/6 PERSONE

200 g di lenticchie ‣ **200 g** di pomodori pelati ‣ **2** carote ‣ **1** cipolla bionda ‣ **1** patata ‣ **60 g** di caciocavallo ‣ **1** uovo ‣ **1 costa** di sedano ‣ Qualche foglia di salvia ‣ **1 mazzetto** di prezzemolo ‣ Pane grattugiato qb ‣ Sale qb ‣ Pepe qb

Per la panatura: 2 uova ‣ Pangrattato qb

Per la frittura: Olio extravergine d'oliva qb

‣ Cuocete le lenticchie con le carote, la patata, la cipolla, la salvia, il sedano e i pomodori pelati a fuoco dolce per una trentina di minuti. Io uso le lenticchie piccole, che non hanno bisogno di ammollo. Appena pronte, aggiustate di sale e pepe, scolate, se necessario, dall'acqua in eccesso e mettete nel mixer con un uovo, caciocavallo, prezzemolo e pangrattato. Otterrete un composto morbido; se dovesse essere troppo morbido, aggiungete due cucchiai di farina. Fate le polpette, passatele nell'uovo sbattuto, poi nel pangrattato. Friggete in olio extravergine d'oliva.

CONSIGLIO:

Potete anche mettere dei pezzetti di salame o mortadella... il piatto sarà ancora più saporito e gustoso.

Livello di difficoltà: Inesistente!

PEPERONI RIPIENI CON LE PATATE

Il peperone ripieno è un piatto che non ha bisogno di molte presentazioni. Si può farcire come si vuole, non ci sono dogmi. Questo è superfacile e molto buono. Un modo un po' diverso dal solito per mangiare un ortaggio che io amo. In Sicilia ne abbiamo uno assai pregiato, quello di Polizzi Generosa, che è presidio Slow Food.

INGREDIENTI ‣ X 6 PERSONE

1 kg di patate ‣ **3** peperoni ‣ **2** uova ‣ **70 g** di prosciutto cotto ‣ **70 g** di caciocavallo a pezzi ‣ **50 g** di burro ‣ **50 g** di formaggio grattugiato ‣ Prezzemolo qb ‣ Sale qb ‣ Pepe qb

- Tagliate a metà i peperoni, puliteli e posizionateli su una teglia con carta forno. Bollite le patate. Appena pronte, schiacciatele e conditele con le uova, il burro, il formaggio grattugiato, il prezzemolo tritato, il prosciutto cotto a dadini, i pezzetti di caciocavallo, sale e pepe. Farcite con le patate i peperoni, mettete un fiocchetto di burro e infornate a 180 °C, in modalità statica, per 30 minuti.

CONSIGLIO:

Questo pollo deve essere gustato tiepido. Fatelo «riposare» in padella per almeno mezz'ora dopo averlo cucinato. Così i sapori si mixeranno al meglio e l'agrodolce avrà sprigionato tutta la sua bontà.

Livello di difficoltà: tagliare le verdure

POLLO A STIMPIRATA

La stimpirata è un mix di verdure e aromi che viene usato come condimento dell'ingrediente principe, come carne, pesce o selvaggina. Il termine stimpirata *deriva da «stemperare», perché indicava proprio l'azione di rendere più gradevole il sapore pungente e forte della selvaggina. Per questo nella* stimpirata *è contemplato l'uso della salsa agrodolce, che aveva la funzione di aggiustare gli odori di cibi forse non più freschissimi. Secondo alcuni esperti, è un piatto che ha origine dalla tradizione dei contadini, che arricchivano ciò che avevano a disposizione con le verdure dell'orto.*
Io ho scelto di provare questa ricetta con il pollo, e devo dire che è stata davvero una bella sorpresa.

INGREDIENTI ‣ X 3/4 PERSONE

6 sovra cosce di pollo ‣ **100 g** di olive verdi condite ‣ **3** carote ‣ **1** cipolla ‣ **1 costa** di sedano ‣ **30 g** di capperi dissalati ‣ **1 mazzetto** di prezzemolo ‣ Origano qb ‣ Olio extravergine d'oliva qb ‣ Sale qb ‣ Pepe qb

Per l'agrodolce: Vedi la ricetta a pagina 48

- Immergete i capperi in acqua per dissalarli per almeno 10 minuti. Rosolate in padella con olio extravergine d'oliva il pollo da tutti i lati. Dopo qualche minuto, toglietelo dalla padella e ponetelo da parte. Nella stessa padella mettete il classico trito di cipolla e soffriggete in abbondante olio extravergine d'oliva. Aggiungete il sedano e le carote, il prezzemolo tritato e i capperi. Fate rosolare tutto per 5/6 minuti fino a quando le verdure saranno morbide; quindi, aggiungete le olive denocciolate e tagliuzzate e l'origano. Aggiustate di sale e pepe, unite il pollo e cuocete per una quarantina di minuti a fuoco lento. Versate l'agrodolce, fate sfumare per qualche minuto, poi trasferite in una ciotola e lasciate riposare e raffreddare.

CONSIGLIO:

Se volete farne una versione super golosa, potete metterci sopra del formaggio da sciogliere. Ripassate in forno e servite... saranno una delizia!

Livello di difficoltà: sbattere le uova!

PISCI D'OVU

Il «pesce d'uovo», pisci d'ovu in dialetto, è il nome che anticamente veniva dato alla frittata siciliana. Il pesce non è tra gli ingredienti di questa ricetta, ma si dice che quando i pescatori rientravano con le reti vuote dalla pesca esclamassero, mentre attraccavano al porticciolo, «Oggi pisci d'ovu», ovvero niente pesce da mangiare. Ed è così che nacque questo piatto, che si dice fosse realizzato anticamente proprio a forma di pesce, per ricordare appunto il frutto del lavoro dei pescatori. Molto diffusa soprattutto tra Palermo, Catania e Messina, questa ricetta è il simbolo della mia adolescenza. Ricordo che mia madre la faceva spesso, perché mia sorella Ivana, che non mangiava praticamente nulla, chiudeva un occhio davanti a queste frittatine deliziose, che non sapevano d'uovo, grazie alla salsa, e quindi si potevano mangiare…

INGREDIENTI ‣ X 4 PERSONE

6 uova ‣ **70 g** di formaggio grattugiato ‣ Menta qb ‣ Pane raffermo qb ‣ Latte qb ‣ Sale qb ‣ Salsa di pomodoro qb ‣ Pepe qb ‣ Olio extravergine d'oliva qb

- Sbattete le uova con una presa di sale. Ricavate la mollica dal pane raffermo, ammorbidite con un po' di latte, strizzate e aggiungete alle uova sbattute. Mettete un po' del latte utilizzato per il pane (donerà ancora più morbidezza), quindi unite abbondante formaggio grattugiato grattugiato, sale, pepe e – se gradita – menta tritata. Scaldate un dito d'olio extravergine d'oliva in padella e cuocete il composto a cucchiaiate, sui due lati, fino a doratura. Servite con abbondante salsa di pomodoro.

CONSIGLIO:

Io li cuocio in friggitrice ad aria, ci vorranno 12 minuti a 200 °C. Se volete, ovviamente, potete anche friggerli!

Livello di difficoltà: frullare il pesce

NUGGETS DI MERLUZZO

Tutti i bambini sono attratti dai bastoncini di pesce, e tutti li compriamo e teniamo in freezer per le serate un po' tristi! I bastoncini di pesce, quelli confezionati, sono il classico cibo che mettiamo a tavola senza tanti sensi di colpa, perché l'ingrediente principale è il pesce. Marco e Luca ne vanno pazzi, li mangerebbero sempre, ma io, bene che vada, glieli concedo una volta al mese. Preferisco farli io, non proprio come i bastoncini, ma come delle polpettine di pesce super buone. E siccome amano i nuggets di pollo, per farglieli mangiare la prima volta li ho chiamati «nuggets di merluzzo». E li hanno mangiati con piacere. Da allora sono tra i loro piatti preferiti.

INGREDIENTI ‣ X 4 PERSONE

600 g di merluzzo ‣ **1** uovo ‣ **30 g** di farina 00 ‣ **2 fette** di pancarrè ammollato nel latte ‣ Sale qb ‣ Pepe qb

Per la panatura: 1 uovo ‣ Pangrattato qb

- Frullate grossolanamente il merluzzo nel mixer, quindi aggiungete l'uovo, il pancarrè che avrete ammorbidito nel latte (strizzatelo bene!), la farina, il pepe e il sale. Frullate per ottenere un composto omogeneo. Fate delle palline e passatele nell'uovo e nel pangrattato. Irrorate con olio extravergine d'oliva e cuocete nel forno in modalità statica 20/25 minuti a 180 °C.

CONSIGLIO:

Se avete la possibilità, cucinateli alla brace.
Vi farete un meraviglioso regalo!

Livello di difficoltà: avvolgere la carne

INVOLTINI GUSTOSISSIMI

La mia passione per gli involtini è nota. Mi piace tutto ciò che si può avvolgere, sia esso carne, pesce o verdure. Per me sono sinonimo di cose buone, al di là di come sono farciti... sono golosi. Questa versione degli involtini è super, perché è quella più semplice, che mette d'accordo tutti. Ovviamente, ognuno può farli come crede, ma così, fidatevi, sono una vera bontà.

INGREDIENTI ▸ X 4 PERSONE

600 g di fettine di vitello sottili ▸ **200 g** di provolone (potete usare il formaggio che volete) ▸ **100 g** di prosciutto cotto ▸ Foglie di alloro qb ▸ Fette di cipolla qb

Per la panatura: Pangrattato qb ▸ Trito di menta e prezzemolo qb ▸ Trito di pistacchi qb ▸ Pecorino qb ▸ Olio extravergine d'oliva qb ▸ Sale qb

▸ Per prima cosa realizzate la panatura: unite insieme il pangrattato, il pecorino (potete usare il formaggio grattugiato che preferite), la granella di pistacchi e il trito di menta e prezzemolo. Aggiungete anche un pizzico di sale. Stendete le fette e mettete all'interno il prosciutto e il formaggio. Chiudete bene partendo dalle estremità laterali, per fare in modo che in cottura non esca troppo formaggio. Passate nell'olio e nella panatura. Usate uno spiedo e separate ogni involtino con una fetta di alloro e una di cipolla. Cuocete per 20 minuti a 180/200 °C in forno statico. Impiattate e servite.

CONSIGLIO:

Se volete fare un altro tipo di ripieno, potete sbizzarrirvi. Molto buono, per esempio, è con le patate bollite schiacciate e condite con sale, pepe, un uovo, formaggio grattugiato e della mozzarella...

FAGOTTINI DI FIORI DI ZUCCHINE

Questa è una ricetta che consiglio a chi ha una cena o un pranzo con più invitati e vuole preparare prima le pietanze. Io lo faccio sempre. Metto tutto in frigo e poi poche ore prima che arrivino gli ospiti passo dal forno. Poi, essendo delle monoporzioni, direi che è tutto molto più facile. Sulla bontà di questo piatto, lascio la parola a voi, appena li preparerete. Vi avviso: consideratene almeno due a testa. Uno non basterà!

INGREDIENTI ‣ X 4 PERSONE

12 fiori con le loro zucchine ‣ **300 g** di ricotta vaccina ‣ **100 g** di mozzarella ‣ **1** uovo ‣ **40 g** di formaggio grattugiato ‣ **10** acciughe ‣ **1** cipollotto ‣ Sale qb ‣ Pepe qb ‣ Pangrattato qb ‣ Olio extravergine d'oliva qb

- Pulite i fiori di zucchine, privateli del pistillo e apriteli. Tagliate a rondelle le zucchine e ammorbiditele in padella con olio extravergine d'oliva e il cipollotto tagliato finemente. Ci vorranno una decina di minuti. Unite alla ricotta il formaggio grattugiato, l'uovo, un pizzico di sale e pepe, mescolate bene e aggiungete le zucchine.
- Spennellate con olio extravergine d'oliva dei pirottini di allumino o di ceramica, e cospargeteli con il pangrattato. Adagiate i fiori con i bordi verso l'esterno. Mettete un po' del condimento preparato. Aggiungete un pezzo di mozzarella e un'acciuga. Chiudete ripiegando con il bordo del fiore stesso, quindi aggiungete un filo di olio extravergine d'oliva e infornate in forno statico per 15 minuti a 180 °C.

CONSIGLIO:

Se non avete l'estratto di pomodoro, potete mettere dei pomodorini tagliati piccoli piccoli, oppure un cucchiaio di pomodoro pelato. Servirà a dare più compattezza al ripieno.

Livello di difficoltà: bollire le zucchine!

ZUCCHINE TONDE RIPIENE

Questo è un secondo molto completo, che non manca mai nel mio menù. Almeno una volta al mese, quando ci sono all'ortofrutta, le faccio. Mi piace la zucchina tonda, è carnosa, ricca, perfetta per farla ripiena. Poi sono anche belline da portare a tavola. Questo ripieno è molto buono, perché equilibrato.

INGREDIENTI ‣ X 6 PERSONE

6 zucchine tonde ‣ **100 g** di speck a pezzettini ‣ **80 g** di formaggio grattugiato ‣ **70 g** di provola dolce ‣ **1** uovo ‣ **½** cipolla ‣ **1 cucchiaio** di estratto di pomodoro ‣ Pane tritato grossolanamente qb ‣ Olio extravergine d'oliva qb ‣ Sale qb ‣ Pepe qb

- Bollite in acqua le zucchine. Fatele raffreddare, quindi aprite la calotta superiore e togliete l'interno, che metterete da parte tagliandolo a pezzetti.
- In una padella rosolate la cipolla con olio extravergine d'oliva, quindi aggiungete lo speck, l'interno delle zucchine, un po' di formaggio grattugiato, l'uovo, l'estratto di pomodoro sciolto in una tazzina d'acqua, il pane tritato: fate amalgamare bene. Farcite le zucchine, inserendo anche qualche pezzetto di provola, e cospargetele con un po' di formaggio grattugiato e qualche briciola di pane.
- Finite con un giro di olio extravergine d'oliva e infornate a 180 °C in modalità statica per una mezz'oretta. Finite con 5 minuti di grill a 200 °C.

CONSIGLIO:

Se possedete la friggitrice ad aria, potete utilizzarla. Ci vorranno una decina di minuti a 200 °C. Io la uso sempre per questo piatto davvero delizioso!

Livello di difficoltà: avvolgere gli involtini!

INVOLTINI DI VERZA E PATATE

Ecco un'altra di quelle verdure che ho imparato a mangiare da grande, e mannaggia a me di non averlo fatto prima! Non è una verdura che bazzicava molto a casa mia, e sono certa che quello che mangi da piccolo è poi quello che ti porti dietro da adulto. Per questo penso che sia importante fare assaggiare ai bambini più cose possibili... nella speranza che qualcosa vada a segno! Per fortuna, poi, arriva la curiosità di conoscere altri sapori, altri cibi e così si recupera qualche mancanza.

INGREDIENTI ▸ X 6 PERSONE

400 g di patate ▸ **200 g** di provola ▸ **12/15 foglie** di verza ▸ **100 g** di speck ▸ Pecorino qb ▸ Prezzemolo qb ▸ Sale qb ▸ Olio extravergine d'oliva qb

SECONDI PIATTI ◂

▸ Bollite le foglie di verza, scolatele e fatele raffreddare. Bollite anche le patate, schiacciatele e conditele con sale, una manciata di pecorino e un po' di prezzemolo. Stendete la foglia di verza, farcitela con una noce di patate condite, una fetta di speck e due pezzetti di provola. Chiudete bene a involtino. Posizionateli sulla teglia. Condite con un filo di olio extravergine d'oliva e una spolverata di formaggio grattugiato. Mettete in forno statico per una ventina di minuti a 180 °C.

CONSIGLIO:

Inutile dirvi che questo piatto è una meraviglia. Se volete osare... fate anche l'agrodolce. La ricetta la trovate a pagina 48.

Livello di facilità: mettere gli stuzzicadenti all'involtino!

INVOLTINI DI TONNO

Questo piatto vi farà innamorare al primo morso. Io ne sono diventata dipendente… e pensate che il tonno non è tra i miei pesci preferiti. Ma poi si scoprono ricette come queste, e cambia la prospettiva. Li ho mangiati a casa di amici catanesi ed è stato amore a prima vista. Non chiedo mai gli ingredienti, in casi come questo. Interpreto il piatto secondo il mio palato e secondo i sapori che ho percepito all'assaggio. Ve lo consegno… fatene buon uso!

INGREDIENTI ‣ X 4 PERSONE

12 fette di tonno sottili ‣ **100 g** di pangrattato ‣ **100 g** di caciocavallo grattugiato ‣ **2** cipolle bianche ‣ Qualche fogliolina di menta ‣ **1 manciata** di passolina ‣ **1 manciata** di pinoli ‣ **1 bicchiere** di vino bianco ‣ Origano qb ‣ Sale qb ‣ Pepe qb ‣ Olio extravergine d'oliva qb

- Fate una farcia con pangrattato, caciocavallo, menta, passolina, pinoli, sale e origano e abbondante olio extravergine d'oliva. Mettete su ogni fetta di tonno un cucchiaio di farcia, arrotolate le fette su se stesse e chiudetele con uno stuzzicadenti. Soffriggete in tegame la cipolla a fette sottili con olio extravergine d'oliva, quindi unite gli involtini di tonno, condite con sale e pepe e sfumate con il vino. Lasciate cuocere a fiamma moderata per circa 20 minuti.

CAPITOLO 6

LIEVITATI

CONSIGLIO:

Fatela riposare prima di mangiarla. Se resta (se resta!), scaldatela in padella o su una piastra elettrica. Sarà ancora più buona del giorno prima.

Livello di difficoltà: abbordabilissima!

MATTONELLA A MODO MIO

La «mattonella» palermitana è un pezzo «mitologico» della rosticceria siciliana, uno di quelli buonissimi da gustare anche freddi. Quante merende a scuola a base di mattonella... È di origine palermitana, ma si trova spesso anche al di fuori del capoluogo. Nella versione originale c'è una base di impasto brioche e una copertura con la sfoglia. Io la faccio con tutto impasto brioche, perché mi piace di più, e sono certa che, se la proverete, ve ne innamorerete... Farete concorrenza ai bar e alle rosticcerie!

INGREDIENTI

Per la base: 275 ml di acqua ‣ **250 g** di farina 00 ‣ **250 g** di farina Manitoba ‣ **50 g** di zucchero semolato ‣ **50 g** di strutto ‣ **15 g** di lievito di birra ‣ **15 g** di sale fino

Per spennellare: **2** tuorli ‣ Latte qb

Per guarnire: Sesamo qb

Per la farcitura: 350 g di mozzarella ‣ **300 ml** di polpa di pomodoro ‣ **200 g** di prosciutto cotto ‣ Origano qb ‣ Olio extravergine d'oliva qb ‣ Sale qb

- Sciogliete il lievito nell'acqua insieme allo zucchero. Unite in planetaria le farine e lo strutto e impastate per una decina di minuti fino a ottenere un impasto corposo. Si può impastare anche a mano. Aggiungete il sale. Fate lievitare fino al raddoppio. Quindi dividete in due l'impasto. Stendetene un velo su una teglia ben oleata. Io uso una misura 30x40 cm. Aggiungete il pomodoro condito con olio extravergine d'oliva, sale e origano, quindi il prosciutto e la mozzarella. Stendete con il matterello il secondo velo di impasto e chiudete bene i bordi. Spennellate con tuorlo e latte, cospargete di sesamo e infornate per 30 minuti a 200 °C, in modalità statica.

CONSIGLIO:

Potete anche usare unicamente semola rimacinata di grano duro. Io la spezzo sempre, perché l'impasto viene più morbido.

Livello di difficoltà: fare i tagli all'impasto...!

SPIGHE DI PANE

Il panificio sotto casa mia, a Palermo, fa delle spighe di pane meravigliose. Ogni volta che mamma le compra e me le fa trovare, io non riesco a resistere. Ne mangio subito mezza, così, senza niente, perché il pane buono è buono anche senza companatico. Poi, un giorno, le ho fatte io per la prima volta: ho avuto pure l'onore di spiegare a mia mamma come si fanno (che poi è facilissimo, basta dotarsi di forbici) e ora, quando ne ho il desiderio, le faccio. Che soddisfazione... Provatele!

INGREDIENTI ▸ X 5/6 FILONI

800 g di semola rimacinata di grano duro ▸ **750 ml** di acqua ▸ **200 g** di farina tipo 1 (oppure 00) ▸ **15 g** di sale ▸ **6 g** di lievito fresco ▸ **2 cucchiaini** di malto (oppure miele) ▸ Sesamo qb

- Sciogliete il lievito nell'acqua tiepida e aggiungete il malto. Versate anche le farine e impastate fino a ottenere un composto consistente. Fate riposare per almeno 5/6 ore. Se avete meno tempo, potete utilizzare più lievito. Impastate tre, quattro volte durante la fase di lievitazione. Otterrete un impasto molto morbido e soffice.Trascorse le ore necessarie, ricavate delle forme con circa 400 g di impasto, realizzando i classici filoni di pane. Spennellate il pane con acqua e cospargete di abbondante sesamo.
- Fate lievitare ancora per almeno un'ora e poi, prima di mettere in forno, tagliate come dei triangolini ai bordi dell'impasto del filone. Lasciate integre le due estremità. Cuocete a 220 °C in modalità statica per 25 minuti circa.

CONSIGLIO:

Se volete renderle più golose, potete farne alcune alle olive e altre al pomodoro. Basta aggiungere prima dell'ultima lievitazione (dopo che avrete fatto le forme) delle olive o dei pomodorini, spingendoli nell'impasto.

Livello di difficoltà: avere qualche ora di tempo per farle

LE MIE FOCACCINE

Quando ho fatto le focaccine e ho fatto il video per pubblicarlo sui miei social, è stato un successo. Ha avuto milioni di visualizzazioni, cosa che non è poi così frequente… È una ricetta che faccio almeno una volta la settimana, perché i miei figli le adorano, e vi posso garantire che non sono poi così diverse da quelle che vendono al panificio o al supermercato. Mi permetto di dire… che sono migliori!

INGREDIENTI ‣ X 15/20 FOCACCINE

300 g di semola rimacinata di grano duro ‣ **300 ml** di acqua ‣ **200 g** di farina 00 o 0 ‣ **20 ml** di olio extravergine d'oliva ‣ **10 g** di sale ‣ **10 g** di lievito di birra fresco (o **5 g** di lievito secco)

Per la salamoia: Acqua qb ‣ Olio extravergine d'oliva qb ‣ Sale qb

- Sciogliete il lievito nell'acqua, quindi aggiungete la farina e impastate bene. Appena l'impasto è ben incordato, aggiungete l'olio extravergine d'oliva; continuate a impastare e infine unite il sale. Fate lievitare fino al raddoppio: ci vorranno due ore circa. Stendete con le mani e fate le forme con il coppapasta per ottenere dei cerchi dello spessore di circa 2 cm. Fate lievitare ancora per un'oretta. Spennellate con un mix di acqua e olio extravergine d'oliva per non farle asciugare. Appena lievitate, bucherellate con le dita e aggiungete abbondante salamoia, realizzata con olio, acqua e sale. Fate cuocere per una ventina di minuti a 180/200 °C nel forno in modalità statica.

VIAGGIO IN
SICILIA
GIUSINA
IN CUCINA

Livello
di facilità:
importante

BOLOGNESI

Le bolognesi sono dei deliziosi pezzi di rosticceria che orgogliosamente Catania annovera tra le specialità della sua gastronomia. Sono speciali, sostanziose e super buone. Sul perché si chiamino «bolognesi», non ci sono notizie certe. Probabilmente, un tempo si facevano con il ragù alla bolognese... adesso sono diffuse con un altro ripieno che vi presento. Con questa ricetta non potrete fallire!

INGREDIENTI ▸ X 4/6 PERSONE

Per l'impasto: 500 g di farina 00 ▸ **200 ml** di acqua tiepida ▸ **50 g** di strutto ▸ **40 g** di zucchero semolato ▸ **15 g** di lievito di birra fresco ▸ **15 g** di sale

Per la rifinitura e la farcitura: 2 rotoli di pasta sfoglia ▸ **400 g** di prosciutto cotto ▸ **300 g** di polpa di pomodoro ▸ **300 g** di tuma ▸ **1** tuorlo + latte per spennellare

▸ Sciogliete il lievito nell'acqua, unite lo zucchero. A parte mixate lo strutto alla farina, impastate in planetaria o a mano, fino a fare assorbire lo strutto; quindi, unite l'acqua con il lievito e lo zucchero. Impastate ancora e, appena si sarà incordato bene, aggiungete il sale. Fate raddoppiare, quindi realizzate delle palline da 80/100 g e fate riposare un'oretta. Stendete poi le palline di impasto con il matterello e ricavate dei dischi di 10/12 cm.

- Collocate al centro di ogni disco una cucchiaiata abbondante di pomodoro, il prosciutto cotto e la tuma. Stendete la pasta sfoglia e ricavate un disco leggermente più piccolo della base. Spennellate con albume i bordi dell'impasto lievitato e sigillate la sfoglia sopra il condimento, lasciando dei bordi di impasto di pasta brioche.
- Spennellate anche la parte superiore con tuorlo e latte, ed effettuate un piccolo taglio al centro per far respirare in cottura. Infornate in modalità statica a 180 °C per 15/20 minuti.

CONSIGLIO:

Se volete, potete anche realizzare voi la sfoglia. Un po' più laborioso, però! Se non avete la tuma, mettete una bella fetta di provola dolce.

CONSIGLIO:

Per stendere il pizzolo, non usate il matterello, fatelo a mano. Sarà facilissimo, perché l'impasto è molto elastico.

Livello di difficoltà: tagliare in due il pizzolo!

PIZZOLO DI SORTINO

Il pizzolo di Sortino è una De.Co. del Comune di Sortino, piccolo centro che si trova sui Monti Iblei, nella provincia di Siracusa. La Denominazione Comunale è molto importante, perché sancisce lo strettissimo rapporto identitario tra un Comune e un prodotto agroalimentare o una ricetta, oppure una tradizione artigiana.
Il nome deriverebbe dal termine **pizzòlu** ***con cui si indica una grossa pietra piatta di forma ovoidale che richiamerebbe la concezione greca della «ciclicità» della vita. Il pizzolo viene farcito nei modi più disparati, e oramai è molto conosciuto anche al di fuori dei confini comunali. È davvero un lievitato meraviglioso.***

INGREDIENTI ▸ X UN PIZZOLO

150 g di farina 00 ▸ **150 ml** di acqua tiepida ▸ **150 g** di tuma ▸ **150 g** di prosciutto cotto ▸ **50 g** di farina integrale ▸ **1 cucchiaino** di malto (o miele) ▸ **2 g** di lievito di birra fresco ▸ Caciocavallo grattugiato qb ▸ Origano qb ▸ Timo qb ▸ Olio extravergine d'oliva qb

- Sciogliete il lievito nell'acqua, unite il malto (o il miele), quindi le farine. Impastate fino a ottenere un composto sodo. Lasciate lievitare fino al raddoppio. Stendete l'impasto in una teglia oleata e infornate in modalità statica a 230/250 °C per almeno 15/20 minuti.
- Appena pronto, fatelo raffreddare un po', poi tagliatelo a metà: farcitelo con tuma, pomodoro, olio extravergine d'oliva, sale, origano e prosciutto cotto. Chiudete il pizzolo e spennellate la parte superiore con poco olio extravergine d'oliva, cospargendo di timo e caciocavallo. Rimettete in forno statico a 220 °C per circa 10 minuti.

CONSIGLIO:

Se volete utilizzare la mozzarella, fate pure! Magari, per farla sciogliere, ripassate in forno caldo per qualche minuto. Io amo tutto ciò che fila e fonde, quindi sappiate che a volte faccio una deroga e metto la mozzarella.
Se avete poco tempo, raddoppiate la quantità del lievito.

Livello di difficoltà: resistere a non mangiarle prima di metterle a tavola

MONTANARE

Avendo il marito napoletano, è matematico che ogni tanto mi chieda anche ricette che sono un po' le protagoniste della scena gastronomica campana. E io non me lo faccio ripetere due volte, perché la tradizione di cibo della Campania è meravigliosa. A partire dai lievitati fino ad arrivare ai dolci. Una terra anch'essa magica e meravigliosa, sotto tutti i punti di vista. A volte, quando impasto la pizza, ne faccio un po' di più proprio per preparare delle meravigliose montanare, che sono, a mio avviso, una delle sette meraviglie del mondo.

INGREDIENTI ‣ X 8/10 PERSONE

Per l'impasto: 500 g di farina 00 ‣ **350 ml** di acqua ‣ **3/5 g** di lievito di birra fresco ‣ **1 cucchiaino** di malto (o miele) ‣ **10 g** di sale

Per farcire: 200 ml di polpa di pomodoro ‣ Origano qb ‣ Formaggio grattugiato qb ‣ Basilico qb ‣ Olio extravergine d'oliva qb ‣ Sale qb ‣ Pepe qb

Per friggere: Olio di semi qb

‣ Sciogliete il lievito nell'acqua con un cucchiaino di malto, aggiungete la farina, quindi il sale e impastate con un cucchiaio di legno fino a raggiungere un composto compatto e sodo. Si può utilizzare anche la planetaria. Fate lievitare per almeno 6 ore, mescolando di tanto in tanto durante il processo di lievitazione. L'impasto così risulterà sofficissimo. Appena sarà maturato, versatelo sul piano. Fate delle piccole palline e mettete a lievitare ancora un'oretta. Scaldate abbondante olio di semi, allargate l'impasto con le mani cercando di ricavare una sorta di incavo e buttate nell'olio caldo. Scolate sulla carta assorbente, quindi condite con il pomodoro preparato con olio extravergine d'oliva, sale, pepe e origano. Cospargete con formaggio grattugiato e una fogliolina di basilico.

CONSIGLIO:

Dovendoli avvolgere su se stessi, vi consiglio di utilizzare sempre il formaggio (qualsiasi esso sia) grattugiato, così non farete fatica. Se non volete usare il pesto di pistacchi, potete mettere anche del pesto di basilico, oppure del formaggio spalmabile.

Livello di difficoltà: tagliare i triangoli

CORNETTI DI PIZZA

Quando li ho fatti la prima volta, ero stuzzicata dall'idea di portare a tavola qualcosa di diverso utilizzando lo stesso impasto della pizza. A volte mi piace osare... ma ero certa del risultato. E, infatti, approfittando di una cena a casa con amici, ho fatto in modo che loro fossero le mie cavie... E devo dire che le cavie hanno talmente gradito, che nel tempo in cui mi sono girata per prendere delle cose dal frigorifero da mettere in tavola, non ne era rimasto neanche uno! Ma sono comunque riuscita ad assaggiarlo... e, che dirvi, una goduria!

INGREDIENTI ▸ X 6 PERSONE

LIEVITATI

Per l'impasto: Vedi la ricetta base per la pizza a pagina 43

Per la farcia: **250 g** di pesto di pistacchi ▸ **250 g** di tuma ▸ **200 g** di mortadella ▸ Sesamo qb

- Dopo aver impastato (vedi il procedimento a pagina 43), fate lievitare l'impasto fino al raddoppio, quindi stendete con il matterello, realizzando una sfoglia sottile. Tagliate dei triangoli, incidetene la base, quindi farciteli spalmando il pesto di pistacchi, unendo la mortadella e la tuma grattugiata. Avvolgete dalla base fino alla punta, come un croissant. Spennellate con acqua e cospargete di sesamo. Infornate in modalità statica a 220 °C per 10/15 minuti.

CONSIGLIO:

Il Ragusano può essere sostituito con qualsiasi altro tipo di formaggio. Io vi consiglio una provola, o anche un pecorino poco stagionato.

Livello di difficoltà: non c'è

LUMERA DI NOTO

Quando ho fatto per la prima volta la** lumera **di Noto, me ne sono letteralmente innamorata. Uno scrigno meraviglioso che racconta tante cose: sole, luce, natura. Almeno secondo me. Solo a guardarla mette d'accordo il palato e i sensi. È tipica di Noto, per l'appunto, che considero uno dei centri più belli della Sicilia. Ho vissuto molto Noto, diversi anni fa per lavoro, e ne sono rimasta stregata. Se andate a Siracusa, una tappa qui non può mancare. Tornando alla «lumera», si presenta con una forma molto particolare, che la rende unica e che sembra ricordare le antiche lucerne greco-romane. Da qui il nome. Adesso andate a impastare. È il momento di provare questa meraviglia.

INGREDIENTI ▸ X 4 PERSONE

Per l'impasto: 300 g di semola rimacinata di grano duro ▸ **270 ml** di acqua ▸ **200 g** di farina 00 ▸ **40 ml** di olio extravergine d'oliva ▸ **10 g** di sale ▸ **8 g** di lievito di birra fresco ▸ **½ cucchiaino** di miele (o malto)
Per il condimento: 300 g di salsa di pomodoro ▸ **200 g** di Ragusano a cubetti ▸ Basilico qb ▸ Olio extravergine d'oliva qb

▸ Sciogliete il lievito nell'acqua insieme al miele (o al malto), quindi aggiungete le farine e impastate. Si può fare a mano o in planetaria. Appena l'impasto prende consistenza, aggiungete il sale e quindi l'olio extravergine d'oliva. Mettete a riposare fino al raddoppio; ci vorranno almeno due ore. Dividete l'impasto in quattro, spolverate il piano con della semola e stendetelo con il matterello. Fate riposare una ventina di minuti. Quindi mettete su una teglia oleata, chiudete i bordi su se stessi e farcite con la salsa di pomodoro al centro, unite il Ragusano a fette, un filo di olio extravergine d'oliva e cuocete in forno statico per 15/20 minuti a 200 °C. Guarnite con basilico fresco.

Livello di facilità: molto facile e molto buona

SCHIACCIATA NISSENA

La cucina siciliana è una cucina povera, che è diventata nobile grazie alla bontà delle materie prime e alla maestria di chi ci ha preceduto, che ha reso magnifica ogni tipologia di accostamento di ingredienti. Da noi sono molto diffusi i lievitati, quelli un po' casarecci, che venivano ottenuti con i rimasugli degli impasti del pane, per realizzare gustose focacce, scacciate, pizze, calzoni, impanate, fuate, cabbuci, cudduruni, muffuletti… *e chi più ne ha, più ne metta. Ognuno di questi è caratteristico magari di una zona piuttosto che di un'altra, per cui spesso cambia il nome, ma poco la sostanza. La scacciata o schiacciata nissena è parente di scacce e scacciate sparse per l'Isola. Per il ripieno seguite anche i vostri gusti, ma così è una favola.*

INGREDIENTI ‣ X 4 PERSONE

Per l'impasto: 500 g di semola rimacinata di grano duro ‣ **2 bicchieri** di acqua tiepida ‣ **1** uovo ‣ **1** patata bollita ‣ **5 g** di lievito di birra fresco ‣ **1 cucchiaino** di malto (o miele o zucchero semolato) ‣ **50 ml** di olio extravergine d'oliva

Per spennellare: Tuorlo qb ‣ Latte qb

Per la farcia: 500 g di spinaci freschi ‣ **300 g** di salsiccia ‣ **200 g** di tuma o primo sale ‣ **100 g** di olive nere denocciolate ‣ **50 g** di pecorino grattugiato

‣ Sciogliete il lievito in un bicchiere d'acqua tiepida con il malto. Impastate la farina con la patata bollita schiacciata, unite l'uovo, una presa di sale, l'olio extravergine d'oliva e qualche cucchiaio d'acqua, se occorre. L'impasto deve risultare un po' appiccicoso. Lasciate lievitare per un paio d'ore. Pulite gli spinaci, lessateli, strizzateli bene e teneteli da parte.

- Private la salsiccia del budello, sbriciolatela e rosolatela in padella, quindi aggiungetela agli spinaci. Fate lo stesso con la cipolla, stufandola con un cucchiaio di olio extravergine d'oliva e un po' d'acqua. Mettete assieme salsiccia, spinaci e cipolla, quindi aggiungete il formaggio grattugiato, il primo sale a dadini e le olive sminuzzate. Condite con un filo di olio extravergine d'oliva, sale e pepe, e amalgamate il tutto. Spianate la pasta in due sfoglie sottili e disponetene una su una teglia ben oleata (io uso una teglia rettangolare 30x40 cm). Distribuite sulla sfoglia di pasta la farcia preparata e coprite con la sfoglia rimasta, sigillando bene i bordi. Spennellate di olio extravergine d'oliva la superficie e infornate in modalità statica a 220 °C per 35/40 minuti.

CONSIGLIO:

Se volete usare un'altra verdura al posto degli spinaci, potete assolutamente farlo. Le erbette sono perfette, ma anche le cime di rapa, i cavolicelli o i broccoletti. Ognuno può andare a proprio gusto... Questa che vi propongo è una delle versioni diffuse nella provincia di Caltanissetta.

CONSIGLIO:

Fatela raffreddare prima di tagliarla e usate un bel coltello seghettato, adatto per il pane.

Livello di difficoltà: tagliare la focaccia senza romperla

FOCACCIA RIPIENA

La focaccia è già buona di suo, senza se e senza ma. Non so a voi, ma a me già il nome «focaccia», a occhi chiusi, fa venire fame. Perché c'è un sottotesto di qualcosa di buono nella sua semplicità. Poi, se deciderete di farcirla, diciamo che passiamo nel girone dei golosi in un attimo. Ma ogni tanto il peccato di gola è concesso. C'è tempo per digiunare ed espiare i propri peccati!

INGREDIENTI

Per l'impasto: Vedi la ricetta a pagina 45

Per la farcitura: 150 g di stracchino ‣ **100 g** di mortadella ‣ **100 g** di pesto di pistacchi

- Per la procedura dell'impasto, seguite la ricetta base della focaccia.
- Appena l'impasto è pronto, stendetelo in una teglia ben oleata e cospargetelo con un'emulsione di olio extravergine d'oliva, acqua e sale. Fate lievitare ancora un paio d'ore. Cuocete quindi in forno statico a 250 °C per almeno 20 minuti. Appena pronta, fate raffreddare, quindi tagliate a metà la focaccia. A parte, mescolate il pesto di pistacchio e lo stracchino, e stendetelo aiutandovi con una spatola sulla base della focaccia. Coprite con le fette di mortadella e richiudete con la parte superiore della focaccia.

CONSIGLIO:

Perfetta da servire come aperitivo con salumi e formaggi.

Livello di difficoltà: non pervenuto

PIZZA DI ERICE

Anche la pizza di Erice rientra a pieno titolo fra le pizze di riciclo, quelle realizzate con gli avanzi del pane. A me piacciono le ricette semplici ma ricche di profumi e aromi, come questa. Che profuma già quando l'avrete messa nel forno, diffondendo un meraviglioso sapore di casa e di cose buone. Come quando si passa vicino ai panifici, che a volte riescono a saziarci (a volte!) solo con i loro profumi...

Questa pizza pare sia nata proprio nel meraviglioso borgo di Erice, che, se andate in Sicilia, dovete assolutamente mettere in agenda tra i posti wow da visitare, almeno una volta nella vita.

INGREDIENTI ‣ X 6 PERSONE

Per l'impasto: 500 g di semola rimacinata di grano duro ‣ **350 ml** di acqua ‣ **100 g** di farina 00 ‣ **20 ml** di olio extravergine d'oliva ‣ **15 g** di sale ‣ **5 g** di lievito fresco ‣ **2 cucchiaini** di malto

Per il condimento: Origano qb ‣ Rosmarino qb ‣ Aglio tritato qb ‣ Olio extravergine d'oliva qb ‣ Sale qb ‣ Pepe qb

- Sciogliete il lievito nell'acqua in planetaria. Aggiungete la farina, il malto e impastate (volendo, si può impastare anche a mano). Appena l'impasto sarà incordato, mettete il sale. Ricavate un composto sodo e fate lievitare fino al raddoppio. Non appena avrà raggiunto la giusta lievitazione, stendetelo in una teglia abbastanza grande (io uso una teglia 30x40 cm) e condite con origano, rosmarino, aglio tritato, olio extravergine d'oliva, sale e pepe. Cuocete in forno statico a 250 °C per 15 minuti circa.

CONSIGLIO:

Potete anche utilizzare il grill negli ultimi minuti per ottenere una bella crosticina dorata...

Livello di difficoltà: laboriosi

TOMASINI RAGUSANI

***I** tomasini non sono altro che scacce con ricotta e salsiccia tagliate a fette prima della cottura e arricchite da uovo sbattuto e caciocavallo, che creano una deliziosa crosticina croccante in superficie: in altre parole, dei piccoli irresistibili bocconcini. Quando l'ho fatta in tv, ho usato la ricotta di pecora, e molti di voi mi hanno detto che la ricetta originale utilizza quella vaccina. Io non pretendo di fare la ricetta originale, perché ogni famiglia ha la sua. Utilizzate la ricotta che avete in casa.*

INGREDIENTI ▸ X 6/8 PERSONE

Per l'impasto: 500 g di semola rimacinata di grano duro ▸ **300 ml** di acqua ▸ **3 g** di lievito di birra fresco ▸ **30 ml** di olio extravergine d'oliva ▸ **10 g** di sale ▸ **1 cucchiaino** di miele

Per il ripieno: 700 g di ricotta di pecora (o vaccina) ▸ **500 g** di salsiccia ▸ **100 g** di caciocavallo grattugiato ▸ **2** uova ▸ Prezzemolo qb ▸ Pepe qb

- Sciogliete il lievito nell'acqua con il miele e fate riposare una decina di minuti.
- Nella planetaria mettete la semola e l'olio extravergine d'oliva, quindi l'acqua con il lievito e il sale. Fate lievitare fino al raddoppio. Dividete in due l'impasto. Stendete con il matterello e farcite con la ricotta, precedentemente condita con pepe, prezzemolo e salsiccia sbriciolata, lasciando i bordi liberi. Preparate anche l'altro pezzo di impasto con la stessa farcia. Arrotolate, quindi, formando un grande serpente. Tagliate a fette e adagiate sulla teglia foderata di carta forno. Sbattete le uova con il caciocavallo e versate il composto sopra i tomasini. Infornate a 200 °C per 25/30 minuti, in modalità statica.

CONSIGLIO:

Si possono fare vari ripieni, con le patate e le cipolle, oppure con pomodori secchi e giri e tuma. Sbizzarrite la vostra fantasia!

'MPANATE SIRACUSANE

Tipica della Sicilia sudorientale, soprattutto Buccheri, Portopalo e Pachino, in provincia di Siracusa: solitamente è tipica della Vigilia di Natale, ma ormai si prepara tutto l'anno. Pare sia una delle eredità lasciate dagli iberici ai siracusani, nel tardo medioevo. Infatti, è molto simile nella forma all'empanada argentina, ma molto diversa nel ripieno. Il nome deriva sicuramente dall'empanada, diventato piatto tipico dell'America Latina, in particolare di Cile e Argentina, e che ritroviamo nella storia iberica fin dall'XI secolo.

INGREDIENTI ▸ X 6 PERSONE

Per la pasta: 1 kg di semola rimacinata di grano duro ▸ **600 ml** di acqua ▸ **30 ml** di olio extravergine d'oliva ▸ **15 g** di sale ▸ **5 g** di lievito di birra fresco ▸ **1 cucchiaino** di bicarbonato
Per il ripieno: 1 kg di broccoletti (*sparaceddi*) ▸ **300 g** di salsiccia ▸ **200 g** di primosale ▸ Olio extravergine d'oliva qb ▸ Sale qb ▸ Peperoncino qb

- Per la farcitura, pulite bene i broccoletti, scottateli appena nell'acqua salata e conditeli con la salsiccia cruda a pezzetti privata del budello, il peperoncino e un filo di olio extravergine d'oliva.
- Per l'impasto, sciogliete il lievito nell'acqua, unite il bicarbonato, quindi la farina. Iniziate ad amalgamare, aggiungendo l'olio extravergine d'oliva e il sale. Fate lievitare fino al raddoppio.
- Stendete un velo di sfoglia, riempite la focaccia, completate il ripieno con le fette di primosale e chiudete a forma di mezzaluna, ricavando anche un cordoncino nel bordo. Spennellate con olio extravergine d'oliva e cuocete in forno statico, caldo, per una ventina di minuti a 220 °C.

CONSIGLIO:

Se per caso riuscite ad avere i fichi freschi, usateli al posto della marmellata. Sarà uno spettacolo gustare questa meravigliosa pizza con la dolcezza e la carnosità dei fichi.

Livello di facilità: estremo

PIZZA FICHI E TUMA

Non avevo mai mangiato questa pizza, finché un giorno, in una pausa pranzo di lavoro a Palermo, la leggo nel menù di un ristorante. Certa che non sarei riuscita a mangiarla tutta (e mi sarei sentita in colpa… ma la giornata era ancora lunga e volevo stare leggera), d'accordo con i miei commensali decidemmo di prenderla e metterla in mezzo, così da poterla assaggiare. Non vi dico la meraviglia: siamo rimasti tutti a bocca aperta… quindi non potevo non condividerla.

INGREDIENTI

Per l'impasto: Vedi la ricetta base per la pizza a pagina 43

Per farcire: **250 g** di tuma (o provola) ‣ **100 g** di prosciutto crudo ‣ Marmellata di fichi qb

- Create un impasto sodo (vedi la ricetta a pagina 43) e mettete a riposare fino al raddoppio. Non appena pronto, stendetelo in una teglia e mettete una base di marmellata di fichi (o dei fichi freschi), quindi grattugiate sopra abbondante tuma. Infornate in modalità statica e portate a cottura per 10 minuti a 250/270 °C. Al termine, unite anche il prosciutto crudo.

CONSIGLIO:

Mi raccomando, sigillate molto bene i bordi per evitare sorprese spiacevoli in cottura.

Livello di difficoltà: non far aprire l'impasto in cottura

PIZZA FRITTA ALLA SICILIANA

Questa è una ricetta che ho trovato in alcuni appunti conservati da mia madre. Erano talmente sbiaditi dal tempo, che ho fatto un po' di fatica a capire bene le dosi, ma devo dire che al momento della realizzazione me ne sono innamorata. È la sorella minore della pizza fritta napoletana, ma con un ripieno molto preciso, fatto di ingredienti diffusi dalle nostre parti, come la tuma e le acciughe.

INGREDIENTI

Per l'impasto: Vedi la ricetta base per la pizza a pagina 43

Per il ripieno: 400 g di tuma ‣ **200 g** di erba cipollina ‣ **60 g** di filetti di acciuga ‣ Olio extravergine d'oliva qb

Per friggere: Olio di semi qb

- Dopo aver fatto lievitare l'impasto (per il procedimento vedi pagina 43), fate delle pagnotte da circa 150 g ciascuna e lasciatele lievitare. Appena pronte, spianate con il matterello, farcite con la tuma e l'erba cipollina tagliata finemente, l'acciuga e l'olio extravergine d'oliva. Coprite con l'altra metà, sigillate bene i bordi, bagnando un bordo con acqua, e friggete in abbondante olio di semi.

CONSIGLIO:

Mettete dentro ciò che più vi piace. Potete anche optare per un ripieno vegetariano con spinaci e mozzarella, o con funghi e provola, o ancora broccoletti, peperoni... Insomma, andate a gusto vostro.

Livello di difficoltà: non c'è!

COLOMBRIOCHE

Ci stavamo avvicinando alla Pasqua e volevo sfruttare il mio stampo a forma di colomba che conservavo con entusiasmo nel cassetto. Talmente tanto era l'entusiasmo che stava lì da anni senza che lo avessi mai sfiorato... Non avevo voglia di fare la classica colomba; quindi, ho pensato di mettere a frutto la mia passione innata per l'impasto di brioche trasformandolo in una soffice e deliziosa colomba. Esperimento riuscito!

INGREDIENTI ▸ X 6 PERSONE

Per l'impasto: 500 g di farina Manitoba ▸ **500 g** di farina 00 ▸ **500 ml** di latte intero ▸ **120 g** di zucchero semolato ▸ **100 g** di strutto ▸ **15 g** di lievito di birra fresco ▸ **15 g** di sale

Per il ripieno: 300 g di mozzarella ▸ **100 g** di prosciutto ▸ **100 g** di salame ▸ **100 g** di ricotta

Prima di infornare: 1 tuorlo e un po' di latte ▸ Sesamo qb

▸ Sciogliete il lievito nel latte e aggiungete lo zucchero. Unite le due farine, lo strutto e impastate in planetaria o a mano, aggiungendo il sale. Lavorate bene l'impasto fino a raggiungere una consistenza morbida ma non collosa. Dividetelo in due e lasciate lievitare per almeno due ore. Dopo la lievitazione, stendetelo con il matterello e farcite: uno con prosciutto e mozzarella, l'altro con salame, ricotta e qualche pezzo di mozzarella. Chiudete come un rotolo e metteteli nello stampo della colomba: un rotolo per un verso e l'altro rotolo per l'altro (lo stampo lo trovate nei negozi di articoli per pasticceria o online). Lasciate lievitare ancora un paio d'ore. Spennellate quindi con tuorlo e latte, cospargete di sesamo e infornate a 180 °C in modalità statica per una mezz'oretta. Controllate bene prima di terminare la cottura.

CONSIGLIO:

Per i più esigenti, potete fare la versione con le gocce di cioccolato oppure con l'uvetta.

Livello
di facilità:
molto facile

FOCACCIA DOLCE

Tra i piatti della mia quotidianità che ho voluto inserire in questo libro c'è anche, e soprattutto, questa meravigliosa focaccia. Una delle poche cose che faccio che amano anche i miei figli, quindi è diventata una costante. Dal momento che cerco di bandire il più possibile le merendine, provo a corromperli con le torte e questa focaccia. Penso che sia davvero una goduria. Ma ora tocca a voi dirmi se è davvero così!

INGREDIENTI ‣ X 8/10 PERSONE

Per l'impasto: 300 g di farina 00 ‣ **200 g** di farina Manitoba ‣ **125 ml** di acqua ‣ **125 ml** di latte intero ‣ **60 g** di zucchero semolato ‣ **60 ml** di olio di semi ‣ **10 g** di lievito fresco

Per guarnire: 30 g di burro fuso ‣ Zucchero semolato qb

- Mettete insieme le farine in planetaria (si può anche impastare a mano), unite il latte, l'acqua e lo zucchero. Iniziate a impastare, quindi aggiungete l'olio di semi e, appena l'impasto sarà incordato, mettete un pizzico di sale.
- Impastate bene, fino a ottenere un composto liscio e omogeneo. Fate lievitare fino al raddoppio. Poi mettetelo in una teglia imburrata (l'ideale è di 30x40 cm, oppure due teglie più piccole), stendetelo e fatelo lievitare nuovamente: deve raddoppiare il suo volume. Prima di mettere in forno, stendete sopra il burro fuso e cospargete di abbondante zucchero semolato. Cuocete in forno statico per 20 minuti a 200 °C, i primi 10 minuti, e poi a 180 °C.

Livello di difficoltà: laborioso ma non difficile!

SFINCIONE DEL LAPINO

Sapete oramai che lo sfincione è uno dei miei piatti preferiti per eccellenza, oltre a essere un simbolo della mia città. Pensate che la ricetta è inserita nella lista dei prodotti agroalimentari tradizionali italiani. Lo sfincione è il vero re della gastronomia palermitana, per alcuni il simbolo dello street food cittadino. Il nome deriva da «sfincia», che in sé racchiude tutto il significato di soffice esteso all'ennesima potenza. Oltre a quello che trovate in panificio e nelle rosticcerie, ne esiste una versione che è venduta solo ed esclusivamente nei lapini, *i classici carretti motorizzati ambulanti, che percorrono ogni giorno in lungo e in largo le vie di Palermo, per diffondere il verbo dello sfincione da strada. Non occorre cercarli, perché si fanno sentire loro. Hanno dei megafoni attaccati al mezzo, dentro i quali gridano sbandierando la loro pregiata mercanzia: «Chistu è sfinciuni… Fattu ra bella vieru… Chi ciavuru… Uora 'u sfuinnavu… Uora 'u sfuinnavu… Scarsu r'uogghiu e chinu ri pruvulazzu».*
Non posso tradurvelo letteralmente, ma credetemi che anche questo è folklore! Provateci voi…

INGREDIENTI ‣ X 4/6 PERSONE

Per l'impasto: 750 ml di acqua ‣ **500 g** di farina 00 ‣ **500 g** di semola rimacinata di grano duro ‣ **20 ml** di olio extravergine d'oliva ‣ **15 g** di sale ‣ **10 g** di lievito fresco ‣ **1 cucchiaio** di zucchero semolato
Per il condimento: 4 cipolle ‣ **2** pomodori maturi ‣ **3 cucchiai** di estratto di pomodoro ‣ Olio extravergine d'oliva qb ‣ Pangrattato qb ‣ Caciocavallo grattugiato qb ‣ Origano qb

- Iniziate a preparare il condimento. Tritate finemente la cipolla, quindi mettetela in un tegame con un filo di olio extravergine d'oliva e tre dita d'acqua, e fate ammorbidire per 5 minuti. Aggiungete l'estratto di pomodoro diluito in una tazza d'acqua e fate cuocere per una mezz'oretta a fuoco dolce. Aggiustate di sale.
- Mentre cuoce, preparate l'impasto. Sciogliete il lievito nell'acqua, unite lo zucchero, aggiungete a poco a poco la farina e impastate. Mettete anche l'olio extravergine d'oliva e il sale. Dovete ottenere un impasto morbido e appiccicoso. Fate lievitare per un'oretta, quindi prendete dei pezzi di impasto e stendeteli a forma ovale su una teglia ben oleata. Distribuite un po' del condimento sull'impasto, quindi mettete sopra delle fette di pomodoro e fate lievitare ancora un paio d'ore. Quindi infornate cospargendo di pangrattato, origano, olio extravergine d'oliva e un po' di caciocavallo grattugiato. Cuocete in forno statico a 230 °C per 10/15 minuti.

CONSIGLIO:

Distanziate gli impasti posizionati sulla teglia, perché lieviteranno ancora. Se proprio non potete rinunciare all'acciuga, come nel classico sfincione, mettetela pure. Io ho preferito non farlo.

CONSIGLIO:

Questi panini sono molto simili ai classici panini da hamburger, solo che sono più dolci. Se volete, potete utilizzare lo stesso impasto per fare dei gustosi panini da mangiare farciti come foste al fast food.

Livello di difficoltà: togliere la stecca di cannella dal latte!

PANINI DI CENA

I panini di cena sono tipici di Messina e della sua provincia. Hanno un'origine contadina e popolare, in cui all'impasto base venivano aggiunte le spezie per renderlo profumato e particolare. Fanno riferimento all'ultima cena di Gesù, poiché, secondo il Vangelo, fu proprio il pane l'ultimo alimento consumato dagli apostoli prima della morte di Cristo. Per questo una volta venivano preparati appositamente per il Giovedì Santo, lo stesso giorno, appunto, dell'ultima cena. Sono dei panini deliziosi, che si possono preparare sempre, e proprio le spezie gli conferiscono quella speciale energia che li rende unici.

INGREDIENTI ‣ X 10/15 PANINI

Per l'impasto: 250 g di farina Manitoba ‣ **125 ml** di latte intero ‣ **125 ml** di acqua ‣ **80 g** di strutto ‣ **60 g** di zucchero semolato ‣ **50 g** di farina 00 ‣ **1** uovo ‣ **10 g** di lievito fresco ‣ **10 g** di sale ‣ **1 stecca** di cannella ‣ Qualche chiodo di garofano

Per guarnire: 1 tuorlo ‣ Latte qb ‣ Sesamo qb

- Portate a bollore il latte con la cannella, quindi lasciate da parte. In planetaria mettete lo strutto, la farina e l'uovo. Iniziate a impastare, quindi aggiungete acqua e latte (togliete prima la stecca di cannella), in cui avrete sciolto il lievito, e unite lo zucchero. Aggiungete anche i chiodi di garofano ridotti in polvere. Impastate fino a ottenere un composto omogeneo. Fate lievitare bene per almeno 2/3 ore. Quindi ottenete delle forme di circa 80 g e fatele raddoppiare. Prima di mettere in forno, spennellate con uovo, latte e sesamo. Cuocete in forno statico a 180 °C per una ventina di minuti.

CAPITOLO 7

DOLCI

CONSIGLIO:

È una torta che resta molto umida per giorni; quindi, vi consiglio di prepararla anche un giorno prima in modo da far indurire bene la glassa.

Livello di difficoltà: non pervenuto

TORTA DI CAROTE E ARANCIA

Questa è una di quelle torte che mi piace preparare quando ho voglia di un dolce delicato. I miei figli non la mangiano, ma ogni tanto faccio anche solo quello che piace a me e a mio marito. È una torta perfetta per la colazione e la merenda, da condividere con le amiche per il tè al pomeriggio. Ecco, la pratica del tè al pomeriggio non la metto in atto da anni… me lo ripropongo sempre, perché è importante ritagliarsi anche solo un momento per se stessi, ma poi la vita ti travolge sempre. E rimandi, rimandi, rimandi…

INGREDIENTI ▸ X 8 PERSONE

350 g di carote grattugiate ▸ **200 g** di farina 00 ▸ **160 g** di zucchero semolato ▸ **3** uova ▸ **100 g** di farina di mandorle ▸ **80 ml** di olio di semi ▸ **50 ml** di latte intero ▸ **1 bustina** di lievito per dolci ▸ Scorza di **1** arancia

Per la glassa: 150 g di zucchero a velo ▸ Qualche cucchiaio di succo di **1** arancia

- Montate le uova con lo zucchero fino a ottenere un composto spumoso. Aggiungete l'olio di semi. Frullate le carote, aggiungete al composto uova e zucchero, amalgamate con le fruste e unite l'olio di semi, le farine, il lievito, il latte e la scorza di un'arancia. Cuocete in forno statico per un'oretta a 160 °C. Vi consiglio di mettere una ciotola d'acqua nel forno per creare umidità.
- Per la glassa, montate a mano il succo di arancia con lo zucchero a velo (vedi la ricetta a pagina 37). Stendete sulla torta con un cucchiaio o con una sac à poche.

CONSIGLIO:

Se non avete gli stampini, potete anche optare per uno stampo grande da crostata, ma va bene anche una teglia a cerniera. Farete un figurone: sembrerà una torta di alta pasticceria!

Livello di difficoltà: sbriciolare le scorze

CROSTATINE DI CANNOLO

Chi mi conosce sa che per me il riciclo è una necessità. Come detto anche per altre ricette, penso che riutilizzare il cibo anche in modo diverso sia un dovere nei confronti di ciò che abbiamo la fortuna di avere in casa e che, fino a quando sarà commestibile, possiamo sfruttare al massimo. Lo scorso Natale mi erano rimaste a casa, inutilizzate, delle scorze di cannolo che mi erano arrivate dalla Sicilia. Messe al fresco in una latta, si conservano per mesi. Ma avevo voglia di preparare qualcosa di diverso e di sfizioso. Così sono nate queste deliziose crostatine, che spero possiate replicare al più presto.

INGREDIENTI ‣ X 10 PERSONE

Per le crostatine: 300 g di scorza di cannolo ‣ **80 g** di burro

Per la crema: Vedi la ricetta a pagina 25

Per la guarnizione: Arance e ciliegie candite qb

- Frullate le croste grossolanamente e amalgamate con il burro fuso. Foderate gli stampini di mini-crostatine con la pellicola, quindi riempiteli con il composto realizzato con le scorze di cannolo e il burro. Fate aderire bene anche nei bordi. Fate raffreddare in frigorifero per un paio d'ore o in freezer per un'oretta.
- Farcite le crostatine con la crema (vedi la ricetta a pagina 25) e abbellite con la frutta candita.

CONSIGLIO:

Non le ho mai provate, ma, secondo me, saranno buonissime anche con la crema di latte (la ricetta la trovate a pagina 23).

Livello di difficoltà: media

PASTE ELENA

Non conoscevo questa ricetta, tipica del comune di Favara. Ma laddove non arrivo io, arrivate voi. Ho colto l'invito alla sua realizzazione fattomi dalla piccola Matilde, una bimba che insieme alla sua mamma Iolanda mi segue con amore e gioia. Così sono nate le paste Elena (o paste di Elena), che non sono altro che tortine di pan di Spagna farcite con crema di ricotta e guarnite con mandorle tritate. Furono inventate da due pasticceri in omaggio alla regina d'Italia Elena di Savoia, moglie di re Vittorio Emanuele III. Si racconta che, assaggiando una pasta durante la sua visita nell'agrigentino, la regina ne apprezzò molto sia il sapore sia la dedica.

INGREDIENTI ‣ X 6/8 PERSONE

Per il pan di Spagna: 180 g di zucchero semolato ‣ **6** uova ‣ **100 g** di farina 00 ‣ **80 g** di amido di grano ‣ Scorza di **1** limone

Per la bagna: Acqua e zucchero qb

Per la crema: Vedi la ricetta a pagina 25

Per guarnire: Mandorle tritate qb

- Montate a lungo le uova con lo zucchero e un pizzico di sale. Deve venire un composto spumoso, come fosse una crema. Aggiungete la farina e l'amido setacciati e la scorza di limone, mescolando con cura. Mettete in uno stampo da 24 cm e infornate a 170 °C, in modalità statica, per mezz'ora. A parte, preparate la crema di ricotta (vedi la ricetta a pagina 25).
- Tagliate il pan di Spagna in dischetti con un coppapasta da 8/10 cm di diametro, bagnateli con acqua e zucchero; quindi, farcite con crema di ricotta e chiudete come fosse un panino. Cospargete di crema anche l'esterno, aiutandovi con una spatola, e rotolate nelle mandorle tritate.

CONSIGLIO:

Per maneggiare al meglio l'impasto, ungetevi le mani di olio, così non avrete difficoltà a fare le ciambelle.

Livello di difficoltà: laborioso

CUDDUREDDI

Quando Santina mi ha girato questa ricetta, ho aspettato un po' a farla, perché attendevo il momento giusto, che è arrivato durante il periodo di Carnevale. Sono dei dolci deliziosi, qualcosa di magico. Perché appena arrivano al palato, si sciolgono letteralmente. Sono tipici di Vicari, un piccolo comune in provincia di Palermo che vanta secoli di storia e incontri con diverse civiltà. I** cuddureddi **sono molto conosciuti in questa zona, e la ricetta perfetta che mi ha dato la mia amica Santina è tutta vostra.

INGREDIENTI ‣ X 10/12 PERSONE

500 ml di acqua ‣ **500 ml** di latte intero ‣ **500 g** di farina 00 ‣ **5** uova ‣ **50 g** di strutto ‣ **1 bustina** di lievito per dolci

Per guarnire: Zucchero semolato qb ‣ Cannella qb

Per friggere: Olio di semi qb

- In un tegame mettete acqua e latte in cui sciogliere lo strutto. Quando sta per bollire, aggiungete a poco a poco la farina e il lievito. Non appena l'impasto si stacca dalla pentola, togliete dal fuoco. Trasferite su un piano e lavorate aiutandovi con un cucchiaio di legno e poi anche con le mani. Fate raffreddare il più possibile. Quindi incorporate un po' alla volta le uova. La pasta deve risultare morbidissima e un po' appiccicosa. Se necessario, aggiungete altre uova.
- Date quindi la forma delle ciambelle e friggete in olio caldissimo, quindi passateli caldi nello zucchero semolato e cannella.

CONSIGLIO:

Naturalmente, potete usare la frutta secca che più vi piace o quella che dovete smaltire. Se non avete lo sciroppo d'acero, va benissimo il miele.

Livello di facilità: che ve lo dico a fa'!

LA MIA GRANOLA

Da quando ho scoperto in quanto tempo si può fare in casa la granola, non mi è mai più successo di comprare quella confezionata. Ce ne sono di buonissime in circolazione, ma vuoi mettere la soddisfazione di realizzarla da sola? La prima volta l'ho fatta perché avevo da smaltire un po' di frutta secca. Dovete sapere che io sono un'accumulatrice seriale di frutta secca, ne compro sempre, perché non mi ricordo mai se ne ho ancora in dispensa. E così le scorte si moltiplicano. Vi invito a farla e sono certa che anche voi non riuscirete più a farne a meno.

INGREDIENTI

350 g di fiocchi di avena ‣ **100 g** di nocciole ‣ **100 g** di noci ‣ **100 g** di mandorle ‣ **100 g** di sciroppo d'acero ‣ **100 g** di miele ‣ **½ bicchiere** di olio di semi ‣ Acqua qb

- Mescolate tutto insieme e mettete in una teglia foderata di carta forno. Cuocete nel forno in modalità statica a 160 °C per un'ora. Mescolate un po' durante la cottura. Si conserva in un barattolo di vetro a lungo.

Livello di difficoltà: medio alto

SOSPIRI DI MONACA

La tradizione dei dolci conventuali in Sicilia dovrebbe essere una materia studiata all'università. Perché c'è una vastità di storie e leggende attorno a questo mondo meraviglioso, che i ragazzi dovrebbero conoscere per non fare morire quest'arte. I conventi sparsi in tutta l'Isola hanno lasciato testimonianze indelebili nel mondo della gastronomia, soprattutto dolciaria. Se siete di passaggio a Palermo, vi invito a visitare e consumare i meravigliosi dolci preparati al Monastero di Santa Caterina. Respirerete un'atmosfera spirituale e magica, e gusterete dei dolci che difficilmente si trovano nelle pasticcerie moderne. Troverete anche i «sospiri di monaca», dolci tipici messinesi, che secondo una leggenda vennero preparati per il matrimonio tra il Conte di Conversano e Lucrezia Borgia. Il giorno delle nozze, però, la sposa ci ripensò e così le suore di clausura decisero di intrattenere gli invitati, sospiranti per questa lunga attesa, servendo loro i dolci speciali che avevano preparato per l'occasione.

INGREDIENTI ‣ X 10/12 DOLCETTI

Per l'impasto: 3 uova ‣ **150 g** di farina 00 ‣ **150 g** di zucchero semolato ‣ **50 g** di fecola di patate ‣ **1 cucchiaino** di lievito per dolci ‣ **1 pizzico** di sale ‣ Estratto di vaniglia qb

Per la crema: Vedi la ricetta a pagina 25

Per guarnire: Arance e ciliegie candite qb ‣ Zucchero a velo qb

‣ Per la crema, seguite la ricetta a pagina 25. Per l'impasto, mettete le uova, lo zucchero e il sale in planetaria e montate finché il composto sarà diventato gonfio e spumoso, e avrà quadruplicato il proprio volume. Ci vorranno almeno 20 minuti. Aggiungete la farina e la fecola setacciata e incorporatela all'impasto usando una spatola in modo delicato.

- Rivestite una teglia di carta forno. Mettete l'impasto in una sac à poche e distribuitelo sulla teglia, creando delle piccole forme tipo panzerotti, insistendo di più sul centro. Infornate e cuocete per una decina di minuti a 180 °C in modalità statica. Sfornate, fate raffreddare e staccate delicatamente la pasta savoiardo dalla carta forno. Tagliate la pasta savoiardo come fosse un panino, lasciando l'ultima parte intera. Con una spatola o con la sac à poche farcite il biscotto con la crema di ricotta e guarnite con arancia candita o ciliegia. Spolverate con zucchero a velo.

CONSIGLIO:

Sono dolci molto particolari, che vi consiglio di mangiare qualche ora dopo la realizzazione. La crema deve ammorbidire un po' il biscotto. Solo in quel momento saranno pronti per essere gustati.

CONSIGLIO:

Utilizzate uno stampo di 24 cm per avere un dolce alto e soffice. La meraviglia di questa torta è che rimane umida a lungo. Il problema è che non dura quasi mai oltre le 24 ore...

Livello di difficoltà: tagliare le mele!

TORTA DI MELE DI NONNO CARLO

Questa torta ha per me un grande valore emotivo. È un dolce che ho preparato per festeggiare con i miei bambini i 90 anni del nostro vicino di casa, Carlo, per Marco e Luca «nonno» Carlo. Quando ho saputo che la torta di mele era tra le sue preferite, non ho avuto dubbi: questa era la ricetta giusta per lui. Ne ho provate tante, ma credo che questa sia la ricetta migliore in assoluto.
Mentre scrivo, purtroppo nonno Carlo ci ha lasciato. È un dolore come fosse un nostro parente. Viveva da solo con le sue galline e i suoi pulcini, una persona meravigliosa, che spero adesso si trovi in un posto bello senza più il girello che detestava, ma che lo aiutava a camminare, circondato da galline e pulcini che gli scorrazzano tra i piedi. Addio, Carletto. Ti abbiamo voluto bene.

INGREDIENTI ▸ X 8 PERSONE

300 g di ricotta vaccina fresca ▸ **250 g** di farina 00 ▸ **4** uova ▸ **3** mele (**2** nell'impasto e **1** per decorare) ▸ **180 g** di zucchero semolato ▸ **90 ml** di olio di semi ▸ **70 ml** di latte intero ▸ **40 g** di gocce di cioccolato ▸ **1 bustina** di lievito vanigliato ▸ **1 cucchiaino** di estratto di vaniglia ▸ Zucchero di canna integrale qb

▸ Montate le uova con lo zucchero, aggiungete la ricotta, la farina, l'olio di semi e il latte a temperatura ambiente. Unite il lievito e l'estratto di vaniglia. Amalgamate bene fino a quando avrete raggiunto un composto cremoso, che non dovrà risultare liquido. Aggiungete le mele tagliate a pezzettini e le gocce di cioccolato. Imburrate e infarinate una teglia, versate il composto, cuocete in forno a vapore a 160 °C per un'ora circa. Se non avete il forno a vapore, cuocete in un forno normale per un'ora a 160 °C e aggiungete una ciotolina con dell'acqua per creare umidità. Appena pronta, spolverate di zucchero a velo e servite.

CONSIGLIO:

Se volete renderlo più sfizioso, potete mettere, oltre ai biscotti, della frutta secca: pistacchi, mandorle o nocciole. Il risultato è meraviglioso!

Livello **di facilità:** fatelo fare ai bambini

SaLAME DI CIOCCOLATO

Tutti noi abbiamo una ricetta, un piatto che abbiamo fatto per la prima volta nella vita. Ecco, per me è il salame di cioccolato. Avevo 8 anni e chiesi a mia madre di poter fare tutto da sola. Non essendoci nessun fornello da accendere, mi diede il via libera e così, con grande gioia (ricordo ancora oggi quel momento meraviglioso), mi misi all'opera. Fu una soddisfazione immensa realizzarlo, ma non avevo ancora chiara l'idea della condivisione del mio dolce con il resto della famiglia. Infatti, non potendo mettere un lucchetto al freezer, avevo deciso che il frutto della mia opera di alta gastronomia doveva essere mangiato solo quando decidevo io. Una cosa folle, con il senno di poi. Ma era così. Ricordo mia sorella, che a 5 anni piangeva dicendo a mia madre: «Mamma, io voglio il salame turco (lo chiamavamo così), ora perché lo ha fatto lei, è la comandante?». Proprio queste parole sono rimaste incise per sempre - per caso era pigiato il tasto REC - in un nastro di una vecchia musicassetta che ancora conserviamo come cimelio. Un ricordo che resterà per sempre nel mio cuore.

INGREDIENTI ‣ X 10 PERSONE

300 g di biscotti secchi ‣ **250 g** di zucchero semolato ‣ **200 g** di burro ‣ **2** tuorli ‣ **2** albumi ‣ **70 g** di cacao amaro ‣ **½ bicchiere** di vino Marsala

- Mettete insieme lo zucchero con i tuorli. Se volete pastorizzare le uova, ponetele in una ciotola a bagnomaria, fino a raggiungere la temperatura di 65° C. Amalgamate, quindi aggiungete il burro sciolto, il cacao e i biscotti spezzettati, e mescolate. Appena il composto sarà ben compatto, unite gli albumi montati a neve e il Marsala. Amalgamate bene e stendete su carta forno, dategli la forma e avvolgete nella carta forno e poi d'alluminio. Mettete in freezer per almeno 4 ore prima di servire.

Livello di difficoltà:
nessuno, parola di Luca!

PANCAKE DI LUCA

Che sabato è senza pancake... Negli ultimi anni è il mio lusso per iniziare il weekend. È una vera e propria coccola, che mi dona gioia. Mi sveglio prima per farli, per avere tutto pronto quando il resto della famiglia si alza per la colazione. Mia sorella, quando condivido le foto nella chat di famiglia, mentre sono all'opera, mi dice sempre: «Ti stimo». Mi dice che lei non lo farebbe mai, e il senso della sua frase è resa molto bene da un modo di dire in dialetto: «Ma comu ti spercia?», che significa: ma come ti viene voglia? A me viene voglia, eccome. Già mi sveglio con l'acquolina in bocca, al pensiero che devo farli. Dallo scorso anno, poi, un grande valore si aggiunge a questo rituale. La collaborazione di mio figlio Luca. È praticamente la sua prima ricetta, fatta quasi in autonomia. E per questo sono i «pancake di Luca». La sera del venerdì, prima di addormentarsi, ci mettiamo d'accordo, gli chiedo se ha voglia di farli e quasi sempre la risposta è sì, anzi mi dice: «Mamma, mi raccomando, non farli senza di me!». E io gongolo dalla gioia. La sua passione per la cucina che inizia ad affiorare mi emoziona.

INGREDIENTI ‣ X 10/12 PANCAKE

150 g di farina 00 ‣ **150 g** di yogurt intero (o magro o greco) ‣ **125 ml** di latte ‣ **1** uovo ‣ **1 cucchiaio** di zucchero semolato ‣ **2 cucchiaini** di lievito vanigliato istantaneo

Per oleare la padella: Olio di cocco oppure burro qb

Per guarnire: Sciroppo d'acero e/o frutta fresca/cioccolato/pistacchi qb

- In una ciotola capiente mettete la farina setacciata e il lievito, quindi unite il latte, l'uovo, lo yogurt, il cucchiaio di zucchero e mescolate con la frusta. Se l'impasto vi risulta poco cremoso, potete aggiungere un pochino di latte. Scaldate bene una padella e spennellatela con un pizzico di olio di cocco (se non lo avete, si può usare il burro). Appena la padella è ben calda, mettete un mestolo di impasto (regolatevi secondo la grandezza desiderata), stendetelo un pochino con il dorso del mestolo e coprite con un coperchio. Dopo un paio di minuti al massimo, quando cominciano a spuntare i classici buchetti, giratelo e cuocete dall'altro lato. Appena pronti, metteteli uno sull'altro in modo da mantenere il calore, fino alla fine. Servite con sciroppo d'acero e, se volete, frutta fresca.

CONSIGLIO:

Per una versione più light, potete usare la farina d'avena, lo yogurt magro, il latte vegetale (io spesso uso avena o cocco) e un cucchiaino di dolcificante naturale, tipo Stevia. Potete anche aggiungere un pizzico di cannella nell'impasto.

CONSIGLIO:

L'ultima volta che li ho fatti, li ho regalati ad alcuni amici quando sono andata a presentare il mio secondo libro a Londra. Li ho messi in piccole ciotoline di ceramica e avvolti in carta lucida e trasparente. Sono stati molto graditi.

Livello di difficoltà: laborioso ma facile

PASTINI DI PINOLI

Questi dolcetti speciali sono molto vicini al classico impasto dei dolcetti di mandorle, anche se per realizzarli ho fatto una sorta di pasta brisée proprio alle mandorle. Il risultato è garantito: sono dolcetti che si possono conservare in una latta per diversi giorni. Purtroppo, trovare i pinoli buoni italiani oramai è diventato quasi impossibile, e comunque, quando si trovano, sono molto cari. Le pinete siciliane che davano una grande produzione si sono ridotte sensibilmente anche a causa degli incendi che ogni estate flagellano quelle aree. Per questo e per altri motivi (oltre a essere un ingrediente meraviglioso, ha anche dei benefici sulla salute, agendo sulla circolazione, sul colesterolo e sullo stress) i pinoli vengono chiamati l'«oro bianco». Io ne tengo sempre una scorta in casa, perché li utilizzo per diverse preparazioni, dolci e salate.

INGREDIENTI ▸ X 15/20 BISCOTTI

Per la pasta brisée di mandorle: 500 g di farina di mandorle ▸ **400 g** di zucchero semolato ▸ **150 g** di strutto ▸ **1 pizzico** di sale ▸ Acqua tiepida qb
Per comporre i biscotti: 300 g di pinoli ▸ **50 g** di mandorle tostate pelate ▸ **2** albumi ▸ Scorza grattugiata di **1** limone

- Mettete in una ciotola la farina di mandorle, lo zucchero, lo strutto, l'acqua a poco a poco, aggiungete un pizzico di sale e impastate. Formate una palla e lasciate riposare per 3/4 ore a temperatura ambiente. Aggiungete quindi all'impasto le mandorle tritate insieme alla scorza di limone, amalgamate bene e formate delle piccole palline schiacciatele e passatele nell'albume battuto e poi nei pinoli. Lasciate riposare le pastine anche per una notte intera o, comunque, almeno 12 ore. Trascorso il tempo, cuocete in forno statico, caldo, per 15/20 minuti a 180° C.

CONSIGLIO:

Se non avete la planetaria, seguite lo stesso procedimento per l'impasto a mano. Si farà un po' più di fatica, ma il risultato sarà perfetto. Giocate con i ripieni: potete mettere il gusto di confetture che più vi piace e anche una deliziosa crema al pistacchio.

Livello di difficoltà: chiudere le ciambelle!

CIAMBELLE AL FORNO RIPIENE

Cosa c'è di più goloso di una bella ciambella fritta con lo zucchero? Solo una ciambella al forno ripiena. Dite di no? Provatela e poi mi direte: anche voi rimarrete sorpresi dalla bontà di questo dolce, simbolo di tante merende e tante colazioni un po' in tutto il mondo. Per questo motivo ne esistono varietà infinite. Per gli americani i donuts sono un orgoglio nazionale, ma la loro origine a quanto pare è merito degli olandesi, che dalla metà dell'Ottocento iniziarono a realizzare un prototipo di questo genere di dolce chiamato olykoek. Nella nostra Italia, quasi tutte le regioni hanno la loro ciambella simbolo, e quindi in alto i cuori e ciambelle per tutti! Fritte sì, ma anche al forno, soprattutto quando farete questa ricetta.

INGREDIENTI ▸ X 15 CIAMBELLE

600 g di farina ▸ **250 ml** di latte intero tiepido ▸ **50 g** di strutto ▸ **50 g** di zucchero semolato ▸ **1** uovo ▸ **15 g** di lievito di birra fresco ▸ **1 cucchiaino** di sale

Per farcire: Confettura di fragola qb ▸ Nutella qb

Per guarnire: 1 tuorlo ▸ Zucchero a granella qb ▸ Latte qb

- Mettete in planetaria la farina con lo strutto e fate amalgamare bene. Aggiungete il latte, in cui avrete sciolto il lievito e lo zucchero. Quindi unite l'uovo e il sale. Impastate per diversi minuti fino a ottenere un composto sodo e liscio. Fare lievitare almeno 2 ore. Prendete un pezzo di impasto di 70/80 g e stendetelo con il matterello, realizzando una forma ovale, come una lingua di gatto. Farcitelo al centro con la confettura o la crema alle nocciole e richiudetelo su se stesso, sigillando bene. Fate un serpentone e unite le due estremità, formando appunto una ciambella. Fate lievitare ancora un'oretta nella teglia che poi metterete nel forno. Prima però spennellate con tuorlo d'uovo e latte, e aggiungete la granella di zucchero. Cuocete in forno a 180 °C, in modalità statica, per 20/25 minuti.

CONSIGLIO:

È un impasto che si presta anche per fare qualche deliziosa sfincetta. Se volete, buttate qualche cucchiaio di impasto in pentola e vedrete il risultato!!!

Livello
di difficoltà:
poco
e niente

ARMI SANTI DI PIETRAPERZIA

***L'armi santi** è un dolce povero tipico di Pietraperzia, nella provincia di Enna: il termine significa «anime sante». È un dolcetto molto sfizioso che ho preparato per la prima volta quest'anno in tv, e devo dire che mi ha conquistato al primo assaggio. Il tocco finale di miele e cannella è ciò che gli regala magia. Da assaggiare rigorosamente per la prima volta a occhi chiusi!*

INGREDIENTI ‣ X UNA TRENTINA DI DOLCETTI

500 g di farina 00 ‣ **½ l** di acqua ‣ **50 g** di zucchero semolato ‣ **3 cucchiai** di olio extravergine d'oliva ‣ **½ bustina** di lievito per dolci

Per guarnire: Cannella qb ‣ Miele qb

Per friggere: Olio di semi qb

- Fate bollire l'acqua con lo zucchero e la scorza di limone, quindi appena l'acqua giunge a bollore, togliete la scorza e aggiungete l'olio extravergine d'oliva.
- Quando bolle, versate in una sola volta la farina setacciata con il lievito e mescolate fino ad avere un composto liscio. Appena si stacca dai bordi della pentola, mettete l'impasto sulla spianatoia, lavoratelo, formate dei cilindri, incrociateli dando una forma a E e friggete in olio di semi. Poi spolverizzate di cannella e versate sopra il miele.

CONSIGLIO:

Io le adoro senza crema, così, semplici semplici. Comunque, se volete, potete farcirle con la crema che più vi piace. Anche con la ricotta, oppure con la crema pasticcera al cioccolato, o con la crema di nocciole.

Livello di difficoltà: moderato

PANELLE DOLCI

Le panelle dolci sono la versione dolce e poco nota delle ben più famose panelle di farina di ceci fritte. Squisite come quelle salate, anche le panelle dolci sono tipiche di Palermo, ma, a differenza delle prime, vengono preparate solo per la festa di santa Lucia del 13 dicembre insieme alle arancine dolci e salate e all'altro apprezzatissimo piatto tipico di santa Lucia, la **cuccia**. *Si possono fare sia «lisce», ovvero senza farcitura, sia farcite con crema di ricotta o pasticcera.*

INGREDIENTI ‣ X 20/25 PANELLE DOLCI

250 g di farina di ceci ‣ **250 ml** di acqua ‣ **½ bicchiere** di latte intero ‣ **1** uovo ‣ **50 g** di strutto ‣ **1 cucchiaio** di zucchero semolato ‣ **1 pizzico** di sale ‣ Olio di semi qb

Per la crema pasticcera: Vedi la ricetta a pagina 20

Per guarnire: Zucchero semolato qb

- Versate in un tegame l'acqua, il latte, lo strutto, il cucchiaio di zucchero e il sale, e portate a bollore. Quindi togliete dal fuoco, aggiungete la farina di ceci, setacciata, avendo cura di amalgamare bene con un cucchiaio di legno per evitare che si formino grumi. Quindi mettete l'uovo. Quando il composto tenderà a staccarsi dalle pareti del tegame, stendetelo bene su un piatto piano e fate riposare a temperatura ambiente. Poi, con un coppapasta prendete un cerchio di impasto e friggete in olio a immersione.
- Per la versione farcita, trovate la ricetta della crema a pagina 20. Quando la crema si è raffreddata, prendete un disco, mettete al centro mezzo cucchiaio di crema, richiudete e sigillate bene i bordi e friggete. Servite passandole nello zucchero semolato.

CONSIGLIO:

Servitela con una pallina di gelato fior di latte o alla vaniglia.

Livello di difficoltà: non pervenuto

TORTA AL PISTACCHIO DI BRONTE

Quando ho provato questa torta per la prima volta, è stato un trionfo. Pistacchio all'ennesima potenza. Se amate questo frutto, è il vostro dolce, quello che vi conquisterà per sempre. Quasi tutto il pistacchio italiano è prodotto in Sicilia, e Bronte ne è certamente la capitale. Un'ottima qualità si produce anche a Raffadali, che gli ha dedicato anche una sagra in settembre. Io credo che i pistacchi siano la frutta secca per eccellenza, perché si prestano per tutte le preparazioni, siano esse dolci o salate.

INGREDIENTI ▸ X 10 PERSONE

300 g di farina di pistacchi ▸ **4** uova ▸ **150 g** di zucchero semolato ▸ **120 ml** di olio di semi ▸ **100 g** di maizena ▸ **½ cucchiaino** di estratto di vaniglia ▸ **1 pizzico** di sale ▸ **1** bustina di lievito per dolci

Per guarnire: Zucchero a velo qb

- Separate i tuorli dagli albumi, montate i tuorli con lo zucchero fino a renderli spumosi, aggiungete l'olio di semi, la farina di pistacchi, la vaniglia, il sale, l'amido di mais e il lievito setacciati. Montate a neve gli albumi e amalgamateli con il composto dei tuorli, mescolando molto delicatamente dal basso verso l'alto. Cuocete in forno statico, preriscaldato, a 160/170 °C per 35/40 minuti. Servite con lo zucchero a velo.

Livello
di difficoltà:
basso

TARALLI DI RACALMUTO

Che meraviglia i taralli di Racalmuto, simbolo importante di questo piccolo centro in provincia di Agrigento, che ha dato i natali all'immenso Leonardo Sciascia. Un dolce stupendo, che è radicato nella storia del paese, che per la prima volta grazie al pasticcere Piuzzu Lo Bue smette di essere tondo, con la classica forma a tarallo per l'appunto, e ha una forma nuova che gli dona una consistenza e una tipicità uniche. Diffusi nel periodo dei morti, da anni oramai si trovano sempre in pasticcerie, panifici e bar. Un legame con il territorio forte, che è sancito dalla denominazione di origine comunale (De.Co.). Leonardo Sciascia cita i taralli in Occhio di capra, *ma anche Andrea Camilleri non rinuncia a parlarne in* La prima indagine, *quando il suo commissario Montalbano si sposta da Vigàta a Racalmuto proprio per gustare questi dolci: «Erano talmente buoni che se ne mangiò così tanti da provare vergogna».*

INGREDIENTI ▸ X 10/15 PERSONE

500 g di farina 00 ▸ **125 ml** di latte intero ▸ **100 g** di zucchero semolato ▸ **100 g** di strutto ▸ **2** uova ▸ **10 g** di ammoniaca ▸ **1** limone ▸ **1 pizzico** di sale

Per la glassa: Vedi la ricetta a pagina 37

▸ Impastate l'ammoniaca e la farina setacciata con le uova, lo strutto ammorbidito, lo zucchero semolato, il succo e la scorza grattugiata del limone. Una volta che gli ingredienti si saranno ben amalgamati tra loro, aggiungete un cucchiaino di sale e il latte a filo, fino all'ottenimento di un impasto abbastanza morbido. Posate l'impasto su una spianatoia infarinata e ricavate due bastoncini spessi 1 cm circa, tagliateli a pezzi della misura di 3/4 centimetri. Posate quindi i taralli su una teglia ricoperta di carta forno e cuocete in forno statico, preriscaldato, a 180 °C per mezz'ora circa.

- Per la glassatura, seguite la ricetta a pagina 37. Spennellate la glassa sulla parte superiore dei taralli, che andranno riposti in forno a 150 °C. Trascorsi 5 minuti, tirateli fuori dal forno e lasciateli raffreddare a temperatura ambiente prima di consumarli.

CONSIGLIO:

Per glassarli potete anche utilizzare una griglia del forno, poggiando sopra i biscotti e facendo la colata di glassa sugli stessi. Oppure potete prendere il singolo biscotto e bagnarlo nella glassa. Scegliete il metodo che più vi piace e che vi fa fare meno fatica.

CONSIGLIO:

Potete farli anche con la crema al pistacchio o alle nocciole.

Livello di difficoltà: resistere a non mangiarli tutti insieme subito

FROLLINI DI RISO CON MARMELLATA

Questa è un'altra ricettina che ho voluto proporvi soprattutto per dare un'alternativa a chi è intollerante al glutine. Si può fare per i biscottini ma anche per una deliziosa crostata. Il risultato è strepitoso! Fidatevi. E, mi raccomando, anche chi di voi non ha problemi di intolleranze, deve provare questa ricetta. È leggera, friabile, insomma una bella alternativa alla classica frolla.

INGREDIENTI ‣ X 10/12 PERSONE

300 g di farina di riso ‣ **100 g** di burro morbido ‣ **70 g** di zucchero semolato ‣ **2** uova ‣ Scorza di **1** limone

Per guarnire: Marmellata di limone o arancia qb ‣ Zucchero a velo qb

‣ Mettete insieme la farina con il burro, la scorza di limone e lo zucchero. Mescolate bene, quindi unite le uova. Impastate fino a ottenere una frolla morbida. Fate riposare già stesa, per un'oretta, in frigorifero. Tolta dal frigo, fate le forme con un coppapasta del diametro di 5 cm e fatene altrettante facendo un buco al centro. Cuocete nel forno in modalità statica per 15 minuti a 180 °C. Appena i biscotti saranno pronti, mettete la marmellata di limone o arancia sulla base del biscotto intero e sovrapponete il biscotto con il foro al centro. Cospargete di zucchero a velo.

Livello di facilità: laborioso ma facile

CASSATEDDE DI CECI

Le cassatedde in Sicilia sono una certezza. Quasi ogni provincia ha le sue, con tutte le varianti possibili e immaginabili, farcite in modo diverso (ricotta, cioccolato, mandorle…): cambiano la loro denominazione a seconda della città a cui fanno riferimento. Alcune le conoscete già, come le cassatedde di Castellammare del Golfo o quelle di Agira. Quelle che vi presento qui sono riferibili come origine a Partinico e Lascari, due piccoli centri in provincia di Palermo, e sono incredibilmente buone, con un ripieno eccezionale a base di ceci, zuccata, cannella e cacao. Si fanno principalmente per festeggiare san Giuseppe, e purtroppo ormai è un dolce che sta sparendo dai radar dei golosi… quindi più saremo a farlo, più impediremo la sua scomparsa. L'unione fa la forza!

INGREDIENTI ▸ X 8/10 PERSONE

Per il ripieno: 200 g di ceci ▸ **80 g** di zucchero a velo ▸ **40 g** di zucca candita ▸ **40 g** di gocce di cioccolato fondente ▸ **1 pizzico** di cannella ▸ **1 cucchiaino** di cacao amaro ▸ **1 cucchiaio** di bicarbonato

Per l'impasto: 250 g di farina 00 ▸ **60 g** di zucchero semolato ▸ **35 g** di strutto ▸ **1** tuorlo ▸ **1 bicchiere** di vino Marsala ▸ **1 pizzico** di cannella ▸ **1 pizzico** di sale ▸ Estratto di vaniglia qb ▸ Albume qb

Per friggere: Olio di semi qb

Per guarnire: Zucchero a velo e cannella

- Per il ripieno, mettete a bagno i ceci per una notte con il bicarbonato. quindi sciacquateli e cuoceteli senza sale in acqua bollente per una quarantina di minuti. Quindi frullateli e aggiungete la zuccata, lo zucchero, le gocce di cioccolato, il cacao e la cannella. Dovete ottenere un composto sodo e ben omogeneo.

- Per l'impasto, potete usare la planetaria o fare a mano. Setacciate la farina e aggiungete lo zucchero, poi mescolate e unite lo strutto. Quando lo strutto si è ben amalgamato, aggiungete il tuorlo e un pizzico di sale, la cannella e la vaniglia, e impastate fino a ottenere un composto omogeneo; quindi, a poco a poco, aggiungete il Marsala. Quando l'impasto sarà compatto ed elastico, create la classica «palla» e fate riposare un'oretta. Stendete l'impasto, rendete la sfoglia molto sottile, 3/4 millimetri, e ricavate le forme con un coppapasta. Utilizzate un diametro da 10 cm. Posizionate al centro di ogni dischetto il ripieno. Spennellate i bordi solo da una parte con l'albume, per far aderire bene. Ripassate i bordi con i rebbi di una forchetta. Friggete le cassatelle in abbondante olio di semi a una temperatura di 160° C. Appena tiepide, cospargete con lo zucchero a velo e la cannella e servite.

CONSIGLIO:

Se non avete il vino Marsala, potete usare un altro vino dolce o un bianco fruttato. Vi consiglio di mangiarle calde!

GIUSINA IN CUCINA

RINGRAZIAMENTI

Il primo grazie stavolta va a me stessa, per non aver ceduto nei momenti di difficoltà e di affanno che, credetemi, in questi anni sono stati tantissimi. Ci sono stati attimi che ho pensato di mollare tutto e di tornare alla vita di prima, scandita solo da lavoro e famiglia. Ma non me la sono sentita perché amo quello che faccio. Ho stretto i denti e sono andata avanti. E l'ho fatto potendo contare su mio marito, che ha rinunciato a qualcosa del suo lavoro, per seguire al massimo i bambini. Grazie Ami! Grazie Marco e Luca perché il vostro sorriso è la mia benzina per andare avanti. Adesso siete orgogliosi della mamma, e io sono follemente innamorata di voi.

Grazie alla mia famiglia che c'è sempre: alla mia stupenda mamma Carolina e ai miei fratelli Ivana e Domenico che, giorno dopo giorno, continuano a darmi quella fiducia e quello stimolo che mi porta ad avere una visione più lucida e critica su ogni cosa. Sono loro a sapere sempre tutto, prima di chiunque altro.

Grazie al mio adorato Antonino Cannavacciuolo che di slancio ha accettato di scrivere la prefazione di questo libro. Antonino è un uomo speciale che mi è stato vicino dal primo istante in cui quest'avventura ha avuto inizio. Sempre pronto a darmi consigli, a dirmi cosa era giusto e cosa era sbagliato. E ha sempre avuto ragione lui. Grazie chef. Sei un tesoro prezioso.

Grazie Francesco, Francesca ed Elsina. La vostra generosità e amicizia, rimarrà per sempre impressa nel mio cuore.

Grazie Antonella, dolce, preziosa, profonda e grande protagonista del mio viaggio fotografico a Menfi. Senza di te, non ci sarebbe stata questa cover che amo immensamente. Ti voglio bene.

Grazie Dario, che non è stato solo un fotografo, ma un «fratuzzo» che mi ha preso per mano e portata verso un mondo di bellezza interiore a me sconosciuto. Grata.

Grazie alle persone che ci sono sempre state tra la mia cerchia ristretta di amici e grazie a quelle che in punta di piedi e con uno slancio gioioso sono entrate nella mia vita in questo anno. Penso a Federico, friulano di nascita e londinese d'adozione, che in una caldissima e intensa giornata di lavoro a Venezia, durante il Festival del Cinema, ha voluto conoscermi solo per dirmi quanto si era affezionato al progetto. E non era così scontato. Federico aveva regalato i miei libri a tante persone in giro per il mondo, dall'Inghilterra alla Spagna, passando per gli Usa. Che gioia quando mi ha detto che la mia cucina era arrivata anche lì! Devo dire grazie a lui, per essere arrivata per la prima volta fuori dai confini italiani, proprio a Londra, con la complicità di una donna meravigliosa quale è Ornella Tarantola, che mi ha organizzato insieme alla Sial School, un incontro che mai dimenticherò. Caro Federico Spoletti, lo so che appena leggerai questo grazie, diventerai paonazzo in viso. Lo immagino. Ma te lo meriti... eccome! Grazie a te e Ornella ho realizzato uno dei miei sogni: conoscere Simonetta Agnello Hornby. Averla al mio fianco per la presentazione londinese, ricevere i suoi complimenti e la sua affettuosa stima, è stato per me un dono grandioso. Potrei concludere qui la mia giovane carriera di autrice ed essere appagata e felice.

Grazie ancora infinite volte alla mia editor Rossella Biancardi:

auguro a tutti di incontrare nella vita una persona come lei. Attenta, premurosa, affettuosa. Ha capito subito quanto tenevo a questo terzo figlio di carta, venendomi incontro in tutte le mie richieste, nel rifare e disfare i primi impaginati per cercare di fare un libro non solo goloso, ma anche bello. Per me non è bello, ma splendido. Ma forse sono di parte... D'altronde... ogni scarrafone...

E l'augurio più grande è che spero possa piacere anche a voi. Grazie al mio editore Cairo che mi rinnova la stima con slancio ed entusiasmo.

Grazie Warner Bros. Discovery e Gesualdo Vercio per la fiducia che mi state confermando anno dopo anno, grazie per avermi dato la possibilità di sperimentare nuovi linguaggi con altri due programmi come *Una Manciata di Sicilia* e *Ci Vediamo al Bar* che mi hanno permesso di arrivare a un pubblico nuovo e che mi stanno facendo crescere tantissimo nella mia acerba esperienza tv.

Grazie alle splendide colleghe del mio gruppo di lavoro, Antonella, Elena, Marta, Morgana, Sarah, Simona, Stefania (in rigoroso ordine alfabetico!) perché mi hanno sempre aiutata nei momenti di difficoltà, quando non potevo essere presente alle call e hanno alleggerito il mio lavoro e mi hanno fatto sentire parte di un team meraviglioso. Donne uniche e preziose. Grazie.

Grazie Nicola, grande capo, che mi sostiene, mi incoraggia e mi mette da parte i libri da firmare per amici e parenti che mi seguono con affetto da Sorrento! E grazie anche a Giulia, Glenda e Linda che sono sempre affettuose e comprensive.

Un grazie particolare è per la mia Sabrina. Mentre avevo iniziato a scrivere questi ringraziamenti e avevo quasi finito, ho lasciato aperto il file in attesa di buone notizie. Sabrina stava lottando per la vita e avrei voluto ringraziare Dio per averla fatta tornare tra noi, prima di mandare il libro in stampa. Purtroppo, non è andata così. Sabrina ci ha lasciati, straziati nel dolore, attoniti e tutt'ora increduli. Sabrina non è più tra noi, e a lei rivolgo un grazie speciale per avermi voluto bene, per avermi accolta in punta di piedi nella sua vita, per avermi coccolata e spronata. Uno dei suoi ultimi messaggi inviato così, senza un motivo particolare, lo porterò sempre nel cuore. Era fiera di me, era orgogliosa di quello che stavo facendo. Sentiva il bisogno di dirmelo. Oggi quelle parole mi provocano una profonda emozione. Io, dolce amica, non ti dimenticherò mai. Tutti noi che ti abbiamo amata ti porteremo dentro il nostro cuore per sempre. Auguro a tutti voi di conoscere nella vostra vita una persona come lei.

PER LE LOCATION DELLE FOTO GRAZIE A:

Maria Ferrantino e Baldo Clementi presso Casa Planeta - Menfi

Giuseppe Marrone per il Cortile Marinuzzi – Menfi

Finito di stampare nel mese di settembre 2023
per conto di RCS MediaGroup S.p.A.,
da ERRESTAMPA,
Via Portico 27, 24050 Orio al Serio (BG)
Printed in Italy